富爸爸 RD 008

富爸爸投資指南〈下〉

Rich Dad's Guide to Investing: What the Rich Invest in, That the Poor and Middle Class Do Not

羅勃特・T・清崎 Robert T. Kiyosaki◎著
王麗潔、朱雲、朱鷹◎譯
MTS 翻譯團隊◎審訂

高寶書版集團

目錄 *Contents*

第二部分

你想成為哪一種投資者？

第二十章 解答90／10之謎

富爸爸說：「有兩種投資者，一種是購買資產的投資者，另一種是創造資產的投資者。如果你想解答90／10之謎，你應當同時成為這兩種類型的投資者。」

在本書上集的序言，我講了一個當富爸爸、邁克和我在海濱散步時，看到富爸爸剛剛買下那塊昂貴不動產的故事。你也許要問，為什麼窮爸爸買不起而富爸爸卻買得起這樣一處昂貴的不動產呢？富爸爸的回答是，「我也買不起這塊土地，但我的公司買得起。」我所看到的是在這塊土地上，廢棄的汽車四處停放，一幢建築搖搖欲墜，到處是垃圾和瓦礫，一塊大牌子上寫著「出售」的字樣還立在地中央。十二歲的我看不出這塊地皮有什麼潛在的商業價值，而富爸爸卻看得出來。在他腦子裡萌發的創業念頭及創造商機的能力，是他很快能躋身於夏威夷富翁行列的原因。換句話說，富爸爸透過購買資產，再利用所賺的利潤購買其他資產的方式，為我們解答90／10之謎。那個計畫不僅是富爸爸的計畫，而且是那10％的富人中大多數人的計畫，他們從過去到現在甚至未來一直在賺取全世界90％的財富。

讀過《富爸爸，窮爸爸》一書的朋友也許還記得雷・克羅克（Ray Kroc）的故事。他在我朋友的MBA課堂上說，麥當勞並不是在做漢堡生意，他們是在做不動產生意。這也再一次體現創造能再生其他資產的資產的祕密，這個祕密也是麥當勞擁有世界上最昂貴不動產的原因。這就是計畫的全部，也是為什麼當富爸爸知道我真心想成為富翁時，再三對我講的，「如果你想解答90／10之謎，你就應當同時成為這兩種類型的投資者，既要知道怎樣購買資產，又要知道怎樣創造資產。而大多數一般的投資者對這兩種不同的投資運作程式都不清楚，甚至連書面計畫都沒有。」

你的觀念使你成為百萬富翁、甚至億萬富翁

本書下集主要講述人們是如何創造資產的。富爸爸花很多時間教會我，怎樣形成商業頭腦，以及怎樣把這種意識轉化為能夠再生資產的資產。富爸爸說：「很多人都有能使他們變富的點子，但問題是大多數人沒有學會怎樣把商業系統融入他們的觀念，他們的許多想法都沒有成形，或者應該說是孤立的。如果你想成為10％人中的一個，那麼，你應當在你創造性思維裡構建起商業結構。」富爸爸的「B－I三角形」是一個能夠給你的財務觀念增添生命力的思想構架。它能夠幫助你形成正確的觀念，並轉化為資產，這就是「B－I三角形」的力量所在。

富爸爸經常說：「不僅僅要懂得怎樣創造能夠再生資產的資產，最成功的投資者能夠變得愈來愈富裕的主要原因之一，還在於他們懂得如何把他們的觀念轉變成上百萬、甚至幾十

億的美元。普通投資者也許有很不錯的想法，但是，他們常常僅僅停留在想法，而缺乏把他們的觀念轉化為能夠再生資產的資產的技能。」這本書以下部分，主要就是講述關於普通人如何才能把他們的觀念轉變成再生資產的資產。

提防「你不能那樣做」的語言

在教我怎樣把觀念變成資產的過程中，富爸爸經常說：「當你第一次著手要把你的觀念變為你個人財富時，很多人會說『你不能那樣做』。你務必要記住，沒有什麼能夠扼殺你的理想，但是你要提防那些沒有遠大理想、缺乏想像力的人。」富爸爸認為他們說「你不能做」這樣的話有兩個原因：

1、即使你已經在做他們說你不能做的事情，他們仍會說「你不能做」。這不是因為你真的沒有能力去做，而是因為他們沒有能力做。

2、因為他們不願意看到你在做的事情。

富爸爸說：「賺大錢，與其說是一個物理過程，還不如說是一個心理過程。」

富爸爸最喜歡的一句話是愛因斯坦說的：「偉大的思想常常遭遇庸人的強烈反對。」富爸爸對愛因斯坦這句話的評述是，「我們每個人都有偉大的思想和平庸的想法。把我們的觀念變成百萬、甚至億萬資產的挑戰，經常來自於我們偉大的思想和我們的平庸的想法之間的鬥爭。」

當我向許多人解釋本書中提到的「B－I三角形」時，儘管他們都感受到「B－I三角形」是一種能給經營理念帶來生命力的商業結構，但有一些人還是被運用「B－I三角形」為他們工作所需要的大量知識嚇倒了。當這種事情發生時，我常常提醒他們，偉大思想和平庸想法之間的鬥爭。無論什麼時候，當一個人的平庸想法開始反對他們自己的優秀想法時，我總是用富爸爸對我說過的話提醒他們。他說：「很多有偉大創意的人，很少有很多的錢。原因就是90／10這個規則在發生作用，因為偉大的創意不一定能變成財富，把你的觀念轉變為財富，一定要有堅定的信念。即使創造百萬、甚至億萬美元財富的過程，你也務必要記住『只有在觀念背後，有堅強意志的人，才能把偉大思想變成財富』。當你周圍的人都對你說『你不能做』時，你就要更加堅強。不聽從你的朋友或你自己不好的意見時，並不意謂著你在盲目耕耘。當他們的想法比你自己的更完美時，你當然應該聽取他們的意見，並積極採納他們的建議。但在此時，我想告訴你，要成功不僅僅是想法或建議就可以達到。」

我想告訴各位的是，你不僅僅需要思想，而且還需要繼續堅持下去的精神和意志，特別是在你疑慮重重、一籌莫展的時候，沒有人能夠告訴你，在你的生命中你能做什麼、你不能做什麼，只有你自己才能夠決定。你自己的偉大之處常常在窮途末路時才被發現，它會把你的觀念轉變為財富，你的一生中或許會有很多次面臨困境，在你沒主意、沒錢、徬徨不前的時候，如果你能夠振作精神、繼續前進，就會發現是精神力量把你的觀念轉變為財富。將思想轉變成財富的過程，是人類的精神活動，而不僅單純是人類思想的力量，當面臨困境時，企業家就會找到他們的精神力量所在。找到你的企業精神，並且使它更強大，比你形成一個觀念或創辦一個企業更加重要。一旦找到了你的企業精神，甚至能把平凡的觀念轉變為可觀的財富。請務必記住，這個世界上，有許多人擁有非凡的想法，但是只有少數人擁有鉅額財富。

這本書以下的部分是關於如何找到你的企業精神，以及如何發展你的能力，把平凡的觀念轉變為可觀的財富。第二部分會讓你深入了解富爸爸關於不同類型的投資者分類，以及讓你如何選擇適合自己的正確道路。第三部分是富爸爸關於「B－I三角形」的分析，以及它怎樣為你提供，把你的觀念轉變為資產的系統。

第四部分分析智謀型投資者的觀念，以及他們是如何分析投資、如何利用他們的觀念和「B－I三角形」來創造財富並成為終極投資者的。最後一個部分也就是第五部分——「用財富回報社會」，這是最重要的一個部分。

第二十一章 理解投資者的分類

本書是一個教育故事，是關於我的富爸爸從我離開海軍陸戰隊時起，指引我從一無所有到成為終極投資者——一個股票銷售者而不是股票購買者、一個內部投資者而不是外部投資者的歷程。本書還介紹富人的其它投資工具，包括股票的首次發行、證券私募和其它公司的證券。無論你是內部投資者或外部投資者，了解證券方面的基本常識都是非常重要的。

讀過《富爸爸，窮爸爸》一書，你已經了解對一個成功的投資者而言，那些必不可少的財務知識。在《富爸爸，有錢有理：財務自由之路》一書中，你已經知道有四種不同的象限，處於不同象限的人賺錢的方式及稅收，對他們的影響都是不同的。可以這麼說，你已經比許多投資者了解了更多的投資基本規則。

一旦你懂得投資的基本規則，就可以更容易理解富爸爸對投資者的分類和十大投資控制原則，這些知識對更順利理解所有投資者來說都是非常重要的。

十大投資控制原則

1、自我控制
2、控制兩個比率，即收入／支出比率及資產／負債比率
3、投資管理控制
4、控制稅款
5、控制購買和售出的時機
6、控制經紀業務
7、控制E－T－C，即entity（實體）、timing（時機）和characteristics（收入特徵）
8、控制協定的期限與條件
9、資訊渠道控制
10、控制財富回饋、慈善事業和財富再分配。富爸爸經常說：「投資不是在冒險，但是，沒有控制的投資就是冒險。」很多人發現投資風險很大，主要是因為他們沒有駕馭好上述的十項投資控制方法。然而，當你讀過這本書，你就會對如何成為一個有控制能力的投資者有更加深入的了解，特別是第七項控制，這是很多投資者難以做到的。

本書主要講的是富爸爸最重要的投資控制——自控。如果你沒有思想準備成為一個成功

的投資者，你應當請一個專業的理財顧問或一個智囊團，為你指點迷津，幫你選擇投資方向。

我已經萬事俱備

在對我的理財教育過程中，富爸爸知道我已經做出了選擇。

我在思想上已經準備好做一個投資者。

我渴望成為一個成功的投資者。

我知道我已做好了思想準備並且我也想成為一個富翁。這個時候富爸爸問我：「你想成為哪種類型的投資者？」

「富有的投資者。」我迅速地回答道。這時，富爸爸又拿出他的小本子，然後寫了以下幾種投資者的類型：

1、特許投資者。

2、資深投資者。

3、智謀型投資者。

4、內部投資者。

5、終極投資者。

「他們有何區別？」我問道。

富爸爸便對每種類型的投資者做簡要的描述。

1、特許投資者賺錢很多，或者說純收入很高。

2、資深投資者了解基本型投資和技術型投資。

3、智謀型投資者了解投資專案及相關法律。

4、內部投資者創造投資專案。

5、終極投資者成為股票銷售者。

當我讀到對有資格的投資者的定義時，頗為失望，因為我一無所有，而且沒有工作。

富爸爸察覺到了我的失望，又拿出他的小黃本，並在內部投資者上畫了一個圈。

從一個內部投資者開始

「羅勃特，這就是你要開始的地方。」富爸爸指著內部投資者對我說。

「即使你沒有錢，又缺乏經驗，你也可以從內部投資開始。」富爸爸繼續說道，「你需要從小專案做起並不斷地學習。記住，賺錢並不一定需要花錢。」

說到這裡，他在小本子上列下了三個E：

1、教育（Education）

2、經驗（Experience）

3、充足的現金（Excess cash）

「一旦你擁有了這三個E，你就會成為一個成功的投資者。」富爸爸說，「你的財務知識已經學得不錯，但是需要豐富你的經驗。當你有了豐富的經驗，再加上精通財務知識，自然就會有充足的現金。」

「但是，你把內部投資者列在第四位，我怎麼能夠從內部投資者開始呢？」我仍然感到困惑不解。

後來，我終於明白，富爸爸想讓我從內部投資者開始，是因為他要我成為一個可以創造出、能衍生出資產的資產投資者。

從創業開始

「我要教給你創建一個成功企業的基本知識。」富爸爸繼續說，「如果你能學會創立一個成功的B象限企業，你的企業就會產生充足的現金，那麼，你就能夠像我一樣運用所學到的成功B的技能來分析各種投資。」

「這就像從後門進入，對嗎？」我問道。

「哦，我倒要說這是一生中非常難得的機會！」富爸爸回答道，「一旦你學會了賺第一個一百萬，下一個一百萬就輕而易舉了！」

「那麼，我該怎樣開始呢？」我急切地問道。

「首先，我要為你講講這幾種不同類型的投資者。」富爸爸回答道，「這樣，你就能理解我後面要說的話了。」

縱觀全局——請做出選擇

在本書的這一部分，我將向大家介紹富爸爸對各種不同類型投資者的描述。以下章節將闡述每種類型投資者的特徵（包括優點與缺點），因為我選擇的道路對你來說，可能並不是最好的選擇。

特許投資者

有資格成為特許投資者的是一些高收入者，或者說是純收入高的人。我知道我沒有資格做為這一類的投資者。

那些為安全、舒適去投資的長期投資者，是很有可能有資格做為這一類的投資者。這個隊伍裡有許多對他們的財務地位非常滿意的E象限和S象限中的人。他們早就認識到需要透過在I象限的投資為未來打算，因此應採納一個合適的投資計畫，用他們從E象限和S象限賺得的錢進行投資，以便實現他們的財務計畫，無論是安全的，還是舒適的。

在《富爸爸，有錢有理：財務自由之路》一書中，我們討論過建立財務安全的「兩條腿」方法。這些人嚴格執行財務計畫以實現未來的財務夢想，對此我非常的贊成。對他們來說，我選擇的道路既不務實、又很艱辛。

有許多高收入的E象限和S象限中的人，只靠他們自己的收入就有資格成為這一類的投資者。

如果你是有資格的投資者，你就有機會從事大多數人不能進入的投資領域。然而，為了成功地選擇你的投資專案，你仍然需要財務知識。如果你不想投入時間去學習，你就得出錢請財務顧問幫你做出投資決策。

據統計，現在美國只有不到3％的人口符合特許投資者的條件。如果這個數字準確的話，那麼屬於下面投資者級別的人則會更少。這就意謂著很多不夠格的投資者，冒險投資於他們不應涉足的投資領域。

今天，美國證券交易委員會對特許的投資者的定義是：

1、個人年收入在二十萬美元或二十萬美元以上。

2、夫妻二人年收入在三十萬美元或三十萬美元以上。

3、擁有一百萬美元的純收入。

了解到只有六百萬人符合特許投資者條件，那麼對我而言，為錢拚命工作以成為一個特許投資者，這條路會非常困難。我坐在那裡，想著個人最低收入必須達到二十萬美元的條件，又使我回憶起我的父親。我的窮爸爸，無論他工作多麼賣命、政府給他多少薪水，他永遠也不能成為有資格的投資者。

如果你玩過我設計的現金流遊戲的話，可能發現遊戲中的快車道（Fast Track），其實就代表現實生活中最低門檻的特許投資者，而全美人口中只有不到3％的人玩得起快車道，換句話說，全美超過97％的人口的投資遊戲，充其量也只是老鼠賽跑（Rat Race）。

資深投資者

資深投資者知道如何分析公開交易的股票。資深投資者是被看作與內部投資者相對的外部投資者。一般來說，資深投資者包括股票交易者和股票分析家。

智謀型投資者

智謀型投資者是具有富爸爸所講的所有三個E的投資者典型。再者，他們還熟悉投資領域，善於利用稅法、公司法和證券法擴大自己的收益並保護原始資本。

如果，你想成為一個成功的投資者，又不想創立自己的企業，那麼，你的目標就應當成為一個智謀型的投資者。

智謀型投資者之上的投資者，都知道硬幣有兩面。他們知道世界一方面是一個黑白分明的世界，另一方面也有著其他不同的色調。在黑白的世界裡，一些投資者能夠獨立地投資；而在多色調的世界裡，一個投資者需要與他人合作才能進行投資。

內部投資者

創建一個成功企業是內部投資者的目標。這個企業可以是一塊供出租的不動產，也可以是擁有幾百萬資產的零售公司。

一個成功的B象限的人知道如何創建資產。富爸爸會說：「富人發明金錢。一旦你學會賺第一個一百萬，那麼接下來的十個一百萬都會輕而易舉了。」

一個成功的B象限的人，也將學會從外部分析投資公司內部情況的技能，因此，一個成功的內部投資者能夠成為一個成功的智謀型投資者。

終極投資者

成為銷售企業股票的股東是終極投資者的目標。終極投資者擁有一個成功的企業，他們出售企業股份，這樣就成了銷售股票的股東。

你是哪種類型的投資者？

下面幾章中會詳細介紹每種類型的投資者。當你研究了每種類型的投資者後，會更加得心應手地選擇你的投資目標。

第二十二章　特許投資者

誰是特許投資者？

多數發達國家已有了保護普通人遠離風險投資的法律。但問題是：就是這些法律同時也阻礙很多人進行一些很好的投資專案。

在美國，有一九三三年制定的「證券法」、一九三四年的「證券交易法」，以及按這些法律制定的證券交易規章制度。這些法律、法規的頒布，是為了保護公眾在證券交易中免受不法者的虛報、操縱及其他欺騙行為的侵害。它使某些投資專案只限於特許投資者和智謀型投資者才能進行投資，同時，要求詳細地將投資資訊公諸於眾。證券交易委員會的創立就是為了監督法律的實施。

美國證券交易委員會為了履行它對證券的監督職責，把特許投資者定義為：在最近兩年內，每年的個人收入至少有二十萬美元（一對夫婦則至少要有三十萬美元），同時，在今後還會有相同數目的收入。達到這樣的條件，方可算作特許投資者。個人或一對夫婦的純收入在一百萬美元以上，也可算作特許投資者。

富爸爸說：「特許投資者，簡單地說，就是比一般人能夠賺更多錢的人，但這並不意謂著這個人就是富翁，或是對投資有什麼了解。」問題是根據這個條件，在美國，只有不到3％的美國人才能滿足要求。這就意謂著只有這3％的人，才能在證券交易委員會規定的投資專案內進行投資，其他97％的人沒有資格對這些專案投資。

我記得德州儀器公開上市前，富爸爸曾有機會投資這個公司，但他還沒來得及調查、分析這個公司的情況，因此，放棄這次機會。但是喪失這次機會，讓他後悔了好幾年。因此，後來在其他公司公開上市前，他再也沒有拒絕過類似的投資機會。他從公眾得不到的投資專案中，積累愈來愈多的財富。富爸爸稱得上是一個特許投資者。

當我提出來我想和他一起投資一個公開上市前的公司時，富爸爸告訴我說我還不夠有錢，也不夠精明。我仍記得他說的話，「等到你有錢的那一天，最好的投資機會就會光顧你，因為有錢的人總是會得到最好的投資機會。此外，他們能夠以低價格買入大量的股票。這就是有錢人會變得愈來愈富的原因之一。」

雖然，富爸爸做為一個特許投資者賺不少錢，但是，他還是相當贊成美國證券交易委員會的行為。他認為保護一般投資者不必冒這類投資所冒的風險，是維持社會穩定的一個很明智的做法。

然而，富爸爸又提醒我，「即使你是一個特許投資者，你也許仍然得不到在最優投資專案進行投資的機會，因為這需要你成為一個具備相關知識結構，並能捕捉到投資資訊的完全不同類型投資者。」

特許投資者的投資控制

富爸爸認為，沒有接受過財務知識教育的特許投資者，不具備這十項投資控制能力。特許投資者也許家財萬貫，但是，大多數人的他們不知道怎麼利用這些錢。

特許投資者擁有的3E

（或許是）充足的現金（Excess cash）。

富爸爸常說：你也許符合特許投資者的條件，但你仍然需要接受教育，積累經驗，以便進一步成為資深的、智謀型的、內部的或終極的投資者。實際上，他了解到有許多特許投資者，並沒有多餘的現金，他們只能做到收支平衡，不懂得如何管理現金。

進一步說明

任何人都能開一個委託帳戶，買賣所謂上市公司的股票。上市公司的股票是指公眾透過交易方式自由買賣的股票。股票市場，在操作上可算是一個真正的自由市場。沒有政府或任何外界的干涉，個人可以自行認定股票價格是否合理。一旦他們決定買下股票，便擁有了公司的股權。

靠證券發財的生財之道之一，是參與一個公司股票的首次發行。通常公司的創立人和首次投資者，在首次發行時可以掌握許多股份。為吸引公眾對這家公司的融資，可以實行首次公開發行股票。不過，證券交易委員會要求詳細申請且公開所有資訊，以防止欺詐行為，並保護投資者的利益。然而，這並不意謂著證券交易委員會提供的首次公開發行都是好的交易。一次首次公開發行是合法的，但可能不是好的投資，也可能是完全負債的（因為貶值）。

一九三三年的「證券法」和一九三四年的「證券交易法」的頒布，規範了這種類型的投資，保護了投資者免受欺詐、遭遇高風險及經紀人的不良管理。證券交易委員會的成立，就是為了監督證券業和證券的發行。

股票發行的規定既適用於股票的某些私募發行，也適用於公開發行。當然，也有一些例外是我們沒有包括在內的。現在，明白特許投資者的定義是相當重要的。特許投資者可以投資於特定類型的證券，而非特許投資者、非智謀型投資者卻不能在這些領域投資，因為「特許地位」就暗示特許投資者比非特許投資者能承擔更多的資金風險。

我們已經討論個人或是夫妻要成為特許投資者，在收入或純收入方面的要求。事實上，任何股票的董事、執行總裁或股票發行的一般合夥人，也被看作是特許投資者，即使他的收入或純收入達不到上述要求。當我們討論「內部投資者」時，這會是一個很重要的特徵。實際上，這是內部投資者和終極投資者通常選擇的投資道路。

第二十三章　資深投資者

富爸爸對資深投資者的定義是：既有錢又對投資有一定了解的投資者。資深投資者通常首先是一個特許投資者，同時接受過良好的財務教育。譬如在股票市場，資深投資者包括最專業的股票交易商。透過所接受的財務教育，他們懂得基礎型投資和技術型投資的區別。

1、基礎型投資

富爸爸說：「一個基礎型投資者會透過研究公司財務報表來減少風險，期待股票升值。」要選擇一支好的股票投資，最重要的考慮是這個公司未來的盈利潛力。一個基礎型投資者在決定投資以前，要對這個公司的財務情況做全盤了解。同時，也要考慮國家的經濟發展遠景，以及該公司所處行業的發展情況。在基礎分析中，利率的走勢是個相當重要的因素。

2、技術型投資

富爸爸說：「一個訓練有素的技術投資者，是根據市場的變化進行投資的，而且為自己的投資進行保險，以免受到災難性的損失。選股時主要考慮公司股票的供求情況，技術型投資者會研究公司股票價格走勢圖，上市流通的股票是否能夠滿足市場對這股票的需求等等。」

技術型投資者常常是在價格下跌或市場蕭條時來購買股票的，就像買東西的人買降價或打折的商品一樣。實際上，很多技術型投資者就像我姑媽多麗絲一樣。她和她的朋友們逛街是為了討價還價、買廉價商品，因這些商品價格便宜，又在大減價。買回以後，她就會想為什麼要買這件衣服，試穿後，她又將它退回，而後她又有錢去逛商店了。

技術型投資者要研究公司股票價格的歷史情況。一個真正的技術型投資者，不會像基礎型投資者那樣，去關心公司的內部經營情況，而是更多地考慮市場的變化和股票的價格。

許多人都認為投資風險大，原因之一就是因為大多數人，在技術操作上是一個「技術型投資者」，但是他們搞不清楚技術型投資者和基礎型投資者之間的區別。從技術角度看，投資風險大的原因，是股票價格隨著市場變化而變化。下面有幾個引起股票價格波動的例子。

- 一支股票在某一天頗受歡迎，占盡新聞版面，但隔天就乏人問津。
- 公司透過下列方式操控供需：

■股票剝離

■二次發行，或是回收股票以減少股份來控制供求；或者

■一個機構（像共同基金或養老基金）購買了某家公司大量的股票進行買賣，足以擾亂市場。

對一般投資者而言，投資看起來很冒險，是因為他們沒有接受過財務教育，缺乏基礎型投資者應有的基本技能，也缺乏技術型投資者應有的充分技能。如果他們不是可以改變股票供求的公司董事，那麼，在公開股市上，就不能控制股票供求價格的波動，因而只能沉浸在對市場的幻想之中。

很多時候，基礎型投資者會發現一家利潤可觀、業績非常棒的公司。但是由於某種原因，技術型投資者對此毫無興趣，因此，公司股票價格就是上不去，即使這家公司經營得有利可圖。在今天的市場上，有許多人投資於網路公司的首次公開發行，但這些公司既不廉價又不盈利。這個例子就是技術型投資者決定公司股票價格的實證。

一旦股市下跌，只有具備技術交易能力和很強基礎性投資能力的人才能夠死裡逃生。莽撞地投入股票市場，盲目參與所有股票首次公開發行的業餘投機商，在股市下跌時一定會被撞得頭破血流。富爸爸說：「沒有降落傘的暴發戶會跌得又快又慘。輕而易舉就能賺大錢的人，往往被認為簡直是商業天才，而實際上，他們是商業傻瓜。」富爸爸認為，要經歷股票市場起起伏伏的考驗，技術技能和基本技能都相當重要。

因道．瓊斯（Dow-Jones）而聞名的查爾斯．道（Charles Dow）是一個技術型投資者。《華爾街日報》是他資助創辦的，所以這份報紙主要是為技術型投資者服務，而不是為基礎型投資者服務的。

這兩種投資風格的差異是迥然不同的。基礎型投資者，是從公司的財務報表，到估量公司的能力和未來成功的潛力，來分析公司情況的。此外，基礎型投資者也跟蹤調查經濟形勢和公司所處行業的情況。華倫．巴菲特（Warren Buffet）被公認為是最優秀的基礎型投資者之一。

技術型投資者則是根據公司股票的價格和交易量走勢圖來進行投資。技術型投資者會觀察買入期權／賣出期權比率和股票的賣空。喬治．索羅斯（George Soros）則被認為是最優秀的技術型投資者之一。

但是，這兩種投資者都是根據真實情況來投資，他們在資料中尋找他們滿意的事實。當然，這兩種類型的投資者需要不同的技能和知識。可是，讓人感到「恐怖」的是，今天的大部分投資者，既缺乏技術型投資技能，又缺少基礎型投資技能。

事實上，我敢打賭，今天大部分的投資新手，還不懂得基礎型投資者和技術型投資者之間的差別。

富爸爸曾經說：「合格的投資者既要精通基礎分析又要擅長技術分析。」他會給我畫出下面的表進行分析。這些表說明我們一定要以自己的方式來開發我們的產品的原因。我們希望人們能夠學會成為有財務知識的人，同時教會他們的孩子在小小年紀就有財務知識，就像富爸爸教我一樣。

經常有人問我：「一名資深投資者為什麼需要懂得基礎型投資和技術型投資？」我的回答只有一個，「自信」。一般的投資者感覺投資冒險是因為：

1、他們試圖從外部調查公司的內部情況，或者調查他們投資的資產情況。如果他們不

ABC 公司

基礎型投資者

財務報表

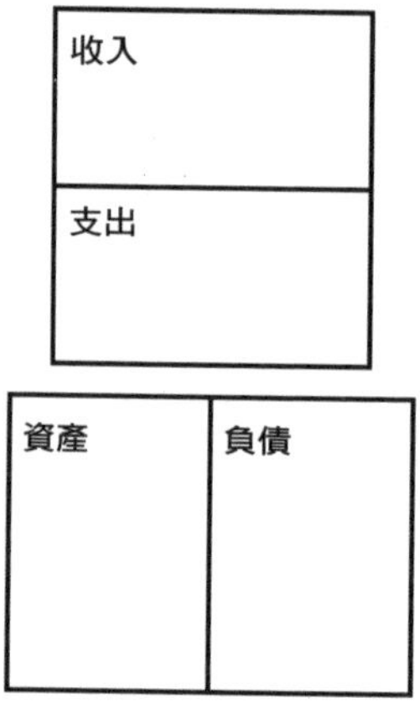

技術型投資者

股價

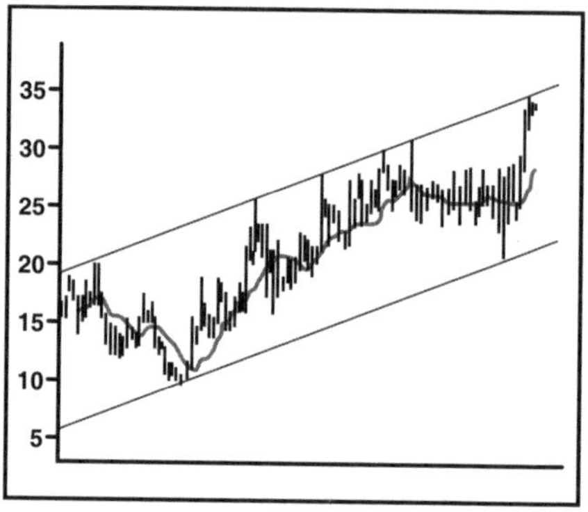

重要技能

- 金融知識
- 基礎金融知識
- 經濟預測

教育工具

「現金流 101」

「現金流」〔兒童版〕

重要技能

- 股價及股價歷史
- 觀察買入期權和賣出期權
- 賣空

教育工具

「現金流 202」

知道怎樣閱讀財務報表，他們就只能完全依賴於他人的建議。人們常常沒有意識到內部投資者掌握著更精確的資料，他們投資的風險要低很多。

2、不能閱讀財務報表的人，他們自己的個人財務報表也常常是一團混亂。富爸爸說：「如果一個人的財務基礎是脆弱的，那麼他的自信心也是不堪一擊的。」我的朋友基思·康寧漢常常說：「人們不願意正視他們個人的財務報表，主要原因是一旦這樣做，他們也許會發現他們已經患了財務癌症。」好消息是，如果他們治癒了這個癌症，他們後半輩子的生活狀況依舊會好起來，甚至他們的生理健康也會得到相對的改善。

3、股市上升時，大部分人都知道該怎樣賺錢，而當股市下跌時，他們卻在恐慌中度過。倘若一個人懂得技術性投資，那麼無論股市下跌還是回升，他都有賺錢的技能。沒有技能的一般投資者，只會在上升的股市裡賺錢，但常常在下跌的股市裡賠得一無所有。富爸爸說：「技術型投資者是在對鉅額損失有保險的情況下才會去投資，而一般投資者就像是乘飛機卻沒帶降落傘的人一樣。」

關於技術型投資者，富爸爸常說：「牛市爬著樓梯慢慢上來，而熊市則是從窗子往下跳。」牛市是慢慢上升，但一旦崩潰，股市就會像往窗外跳的熊。股市下跌，技術型投資者會感到分外興奮，因為他們將很快賺錢，一般投資者這時卻在遭受損失，而他們損失的錢是好不容易才漲起來的。

因此，不同類型的投資者和他們的收益常常是像這樣：

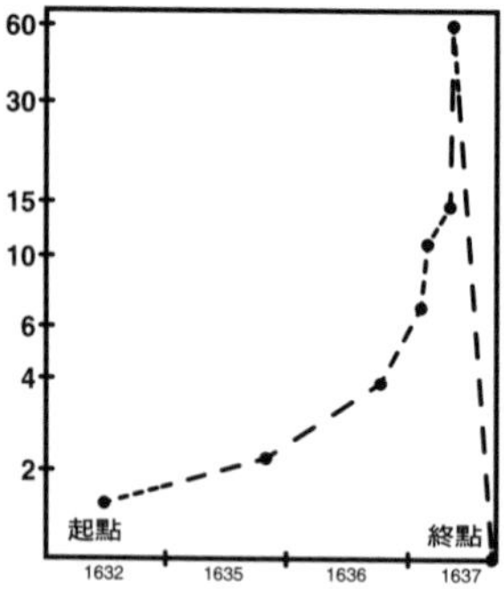

GTB 公司（1634 年－ 1637 年）
＊根據歷史情況預測

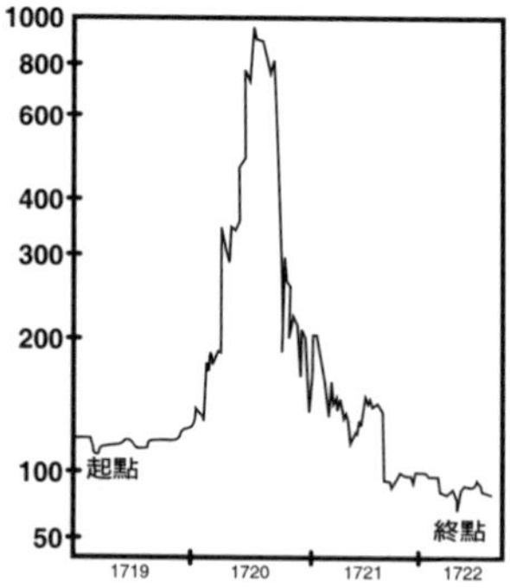

南海公司（1719 年－ 1722 年）

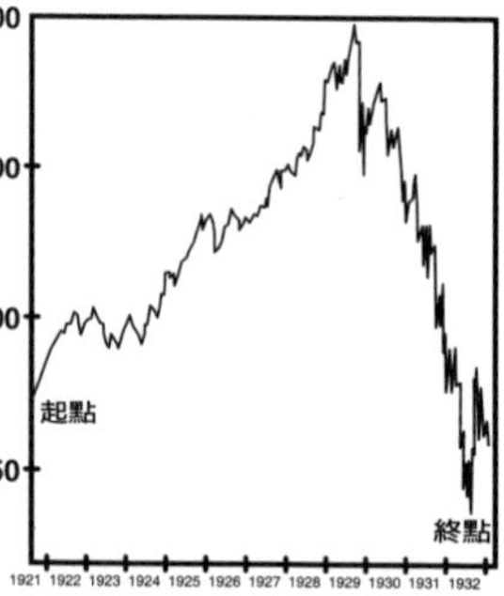

DJIA 公司（1921 年－ 1932 年）

很多投資者經常虧本，是因為他們在進入市場前等待了太久。他們害怕虧本，等股市完全上升時已耽擱了太長的時間。他們一進入市場，股市就幾乎已漲至頂峰，然後開始下跌、一路下跌，他們就只有以虧本告終了。

資深的投資者對於股市上升、下跌並不很關心。他們有一套預測股市上升的交易程式，所以能夠自信地進入市場。當市場發生轉變時，他們就隨機應變，改變交易程式，從以前的交易中退出來，透過賣空和賣出期權，在股市疲軟時，依舊獲得盈利。擁有多種交易程式和戰略能增強他們作為投資者的信心。

為什麼你想成為一個資深的投資者？

一般的投資者常常生活在市場崩潰和股價下跌的恐慌中。你經常能聽到他們說：「如果我買進一支股票，然後股市下跌了我該怎麼辦？」因此，無論在股市上升時，還是股市疲軟時，盲目地恐懼感使很多一般投資者不能好好地利用機會賺錢。一個資深的投資者能預測股市的變化情況，無論股價上升或下跌，他們都有把風險降到最小的技能，而且還能賺上一大筆錢。一個資深的投資者總是能夠保護他們的地位，這就是說無論股價暴漲或暴跌，他們都能穩如泰山。換句話說：他們在任何地方都能搜尋到賺錢的良機，而且能保護自己免遭損失。

新投資者的問題

今天，在炙手可熱的股市中，我經常聽到投資新手自信地說：「我不必擔心市場崩潰，因為現在世道不同了。」一個穩妥的投資者知道任何的股市都會有上升也會有下跌。今天我寫作時，我們正處在世界歷史上最好的牛市之中，這個市場會遭受崩潰的命運嗎？如果歷史會重演，那麼我們將面臨世界上迄今為止最大的一次股災。今天，人們在對沒有任何利潤的公司投資，這就意味著他們在做一件瘋狂的事。

前面的那些表是世界經歷過的泡沫、瘋狂或繁榮與蕭條的真實展現。

在南海事件（South Sea bubble）中遭受巨大損失的牛頓爵士（Sir Issac Newton）說過：「我能計算天體的運動，卻不能計算人們瘋狂的程度。」今天，在我看來，瘋狂浸染在每個人心中。每個人都想在股市裡成為暴發戶，我擔心我們也許很快就會看到——成千上萬的人會一無所有，只是因為他們在股市投資時，有些人寧可借錢投資，也不會先投資於他們的教育和經驗上；同時，也因為很多人在恐慌中會很快拋售股票，而這恰恰是資深投資者真正賺錢的時候。

股市崩潰並不見得是件壞事，但是當這種市場災難發生時，會造成人們情感上的恐慌。大部分投資新手的問題是：他們還沒有經歷過真正的熊市，因此，他們並不知道股市崩潰和熊市究竟是怎麼一回事，特別是如果這種情況持續好幾年的話。

富爸爸只是說：「不可能完全預測股市，但是無論市場往何處走，我們都已經做好了準備，這一點很重要。」他也說，「牛市的勢頭似乎還會持續下去，這就使人們變得遲鈍、愚蠢而且得意忘形。熊市似乎也會永遠持續下去，但它使人們忘記了這是成為富翁的最好時機。這就是你想成為一個資深投資者的原因。」

為什麼資訊時代的股市會加速崩潰？

對於想了解新經濟時代的全球化商業發展的人，我願意強力推薦《凌志和橄欖樹》（*The Lexus and the Olive Tree*）這本書。在該書中，作者托馬斯．L．弗瑞德曼（Thomas L. Friedman）常常提及「電子一族」（The Electronic Herd）。電子一族是一類人的群體，有幾千人。他們通常很年輕，控制著大量的電子貨幣。他們是以個人的名義為大銀行、共同基金、對沖基金、保險公司諸如此類的機構效勞。只要他們手上的滑鼠一按，在一秒鐘之內，就能把數兆美元從一個國家轉移到另一個國家。電子一族的權力，甚至比政客的權力還要強大得多。

一九九七年，我在東南亞的時候，電子一族把他們的錢從泰國、印尼、馬來西亞和韓國移了出去，竟在一夜之間把這些國家的經濟抽空了，使得這些國家看上去非常狼狽和不快。

對於進行全球投資的人而言，你也許能回憶起世界上的大多數人、甚至華爾街是怎樣吹捧新亞洲小虎的經濟。人人都想在這些國家投資。然而突然在一夜之間，他們的世界面目全非，謀殺、自殺、暴亂、搶劫及財務疾病四處叢生。電子一族不喜歡這些國家的這類現象，便在幾秒鐘之內把他們的資金轉了出去。

引用托馬斯．弗瑞德曼在書中的話來說：

「想起電子一族，就像是在非洲大草原吃草的一群牛羚。當在邊上吃草的一隻牛羚看見附近高深濃密的灌木叢裡有什麼東西在移動時，他不會對他的同伴發出警告，『哎呀！我懷疑灌木叢裡好像有一隻獅子』門都沒有！那隻牛羚會立即獨自奔逃，接著其餘的牛羚也會跟著沒命似地奔逃幾百里遠。

「他們逃到鄰近的草原，道路上的一切都被它們壓得粉碎。」

這就是一九九七年發生在亞洲小虎們身上的一切。電子一族不喜歡看到這些地區正在發生的情況，便在一夜之間抽走了資金。而這些國家在幾天之內就從快樂的顛峰跌入了谷底，幾天之內，暴亂、謀殺犯罪不斷。

這就是我預測在資訊時代，股市崩盤會愈來愈快、愈來愈嚴重的原因，因為電子貨幣的轉移是如此地輕易和迅速。

投資者怎樣在股市崩潰中保護自己？

一些國家為了免受電子一族力量的衝擊，採取了緊縮財政支出、增加財政收入的辦法。

「如果你要寫關於美國資本市場的歷史。」弗瑞德曼於書中說財政部副部長賴瑞．薩默斯（Larry Summers）曾談道，「我認為完善資本市場唯一最重要的改革，是公認的會計準則改變，我們需要國際通用的會計準則。這很微不足道，但並不是沒有重要意義，這是國際貨幣基金組織的勝利。有個韓國夜校會計課的老師告訴我，以往在冬季一般只有二十二個學生，但一九九八年，卻有三百八十五個學生。因為在韓國我們要求公司有統一標準的會計準則，我們要求國家有統一制定的標準。」

幾年前，富爸爸講了一件類似的事情，但不是像賴瑞．薩默斯講的一整個國家，富爸爸講的是想在財務上做得很出色的個人。他說：「窮人和富人之間的差別，不僅僅是他們賺錢多少，而在於他們的財務知識，以及如何把財務知識放到何等重要的位置。簡單地說，窮人的財務知識標準很低，不管他賺多少錢。財務水平低的人，常常不能形成他們的觀念並創造資產，不但資產無法創造出來，很多人還製造負債，這只是因為他們的財務水平很低。」

出來比進去更重要

富爸爸常說：「大部分普通投資者虧本的原因，是因為投資進去很容易，但要退出來卻很困難。如果你想成為一個智謀型的投資者，你需要知道怎樣進行投資，還要知道怎樣撤出投資。」今天當我投資時，必須考慮的最重要的戰略之一就叫做「退出戰略」。富爸爸用這樣的字眼來表達其重要性，以便我能理解它的重要地位。他說：「進行一項投資像結婚一樣，剛開始時非常興奮，但如果相處不融洽，離婚的痛苦就比開始的興奮和快樂來得多。所以你必須真正意識到投資就像一樁婚姻的過程，進去常比出來容易得多。」

我的兩個爸爸都非常幸福，所以，當富爸爸談論婚姻問題時，他並不鼓勵人們離婚，他只是勸我要做長遠打算。他說：「50％的婚姻會以離婚告終，而事實上，幾乎100％已經結婚的人，認為他們會面臨離婚的危險。」這也許就是如此多的投資新手，要購買IPO及要購買穩妥投資者手中股份的原因。關於這個問題，富爸爸最好的忠告是：要隨時牢記，當你歡天喜地購買資產時，往往是有人正在興高采烈地賣這個資產給你，因為他比你更了解這個資產。

當人們透過玩「現金流」遊戲來學習投資時，他們要學的一個技能就是什麼時候買進、什麼時候賣出。富爸爸說：「當你買進一份投資時，你應當也有什麼時候拋售出去的想法，特別是對特許投資者以及他們之上的投資者而言。在更複雜的投資類型中，你的退出戰略往往比進入戰略更重要。當進入這類投資時，你心裡應當有一個計畫，如果投資進展順利，有什麼樣的事情會發生；如果投資失敗，又會有什麼樣的事情會發生。」

資深投資者的財務技能

為了幫助想學會基本投資技能的人們，我們設計了「現金流」遊戲。我們建議這個遊戲至少要玩六到十二次才能達到學習的效果。透過反覆地玩「現金流」遊戲，你就會開始懂得基礎投資分析的基礎知識。在玩過並理解其所教授的財務技能後，你也許會繼續想玩「現金流」的高級版。這個高級版使用一樣的遊戲板，但是上升到了另一個水平，使用另一套卡片和記分單。在高級版中，你開始學會複雜的技能和技術交易方面的生字。你可以學會使用這些交易技能，譬如說，當預測到股價會下跌時，你可以賣空。你也可以使用買入期權、賣出期權和雙向期權所有這些高深的交易技能，這些都是所有資深投資者有必要了解的。玩這個遊戲的最大好處是你透過虛擬的遊戲來獲取知識，而在現實世界中獲得相同的教育會是非常昂貴的。

為什麼遊戲是最好的老師？

一九五〇年，曾有一個修女在印度加爾各答教歷史和地理，她回應號召去幫助窮人並與他們住在一起。她不是在高談闊論如何去幫助窮人，而是用她的實際行動去幫助他們。正是因為她的善行，在她說話的時候，人們才會洗耳恭聽。關於言論和行動的區別，她這樣說道：「應該少說一些，布道不是開會，你應當多一些行動。」

我之所以選擇用遊戲來傳授富爸爸教給我的投資技能，是因為遊戲在教和學的過程中，需要更多的實際動手操作，而不是被動地聽演講。正如德瑞莎修女（Mother Tereas）所說：「布道不是聚會。」我們的遊戲也不僅是聚會。遊戲提供了一個進行社會交流的舞臺，幫助其他的人掌握這些財務技能。當我們投資時，有很多人試著透過傳道的方式來教授投資知識。但我們都知道，有些東西並不是簡單地透過聽和讀，就能很好地掌握，而是需要動手操作才能學會。這些遊戲就為掌握財務技能提供了基本的操作步驟以供學習。

有一則古老的格言是這樣的：

「用聽的會忘，用看的容易記得，用做的才能深刻體會。」

我的目的並不只是寫關於金錢和投資的書，發明做為學習的遊戲工具，我的目的其實是在創造更多的理解機會。人們理解得愈多，他們看事物就會看得愈徹底。玩遊戲的人開始看到他們以前從未看到過的機會，而且不再恐懼和猶豫，因為他們的理解能力會隨著玩遊戲次數的增多而增長。

很多玩這個遊戲的人，生活因此發生了變化。他們已經形成了關於金錢和投資的新理念，摒除了那些舊的觀念，並為他們的生活注入了新的血液。

富爸爸藉由教我玩「大富翁」使我成為一個企業主和投資者。遊戲結束後，當我們去參觀他的企業和不動產時，我才發現他居然藉助玩遊戲，因而教會了邁克和我如此多的東西。我想，我現在發明出來的財務教育遊戲所傳授的富爸爸教給我的基本投資技能，已遠遠超過了當年「大富翁」遊戲裡傳授的知識。正如富爸爸所說：「管理現金流和閱讀財務報表的能力，是成功通往現金流象限B和I象限的基礎。」而這些技能都將在我們遊戲中學習和體驗到。

資深投資者的投資控制

資深投資者能控制：

1、自我

2、兩個比率，即收入／支出比率及資產／負債比率

3、購買與售出的時機

資深投資者擁有的E

1、教育（Education）

2、充足的現金（Excess cash）

資深投資者，無論是基礎型投資者或技術型投資者，都是從外部分析公司情況的。他們將決定是否要成為股份購買者。許多成功的投資者都是資深投資者。由於擁有適當的教育和財務建議，很多資深投資者能夠成為百萬富翁。他們在別人經營和發展起來的企業裡投資。

由於接受過理財教育，他們能從公司的財務報表中分析出公司的真實情況。

P／E是什麼意思？

資深投資者能夠理解標誌著一支股票優劣的增值本益比（price earnings，簡稱P／E）意

謂著什麼，P／E的計算，就是每股市價除以每股淨收入。一般來說，較低的本益比意謂著這支股票的價格與其收入相比價格相對較低；較高的本益比指的是一支股票的價格相對較高，或許不是一筆好交易。

本益比＝每股市價／每股淨收入

如果兩個成功的公司涉及產業不同，那麼兩個公司的市本益比則會迴然不同。譬如說，增長迅速、有高額利潤的高科技公司的本益比，會比低技術水平的公司或增長平穩的公司的本益比要高得多。讓我們看看網際網路公司的股票銷售情況：很多公司在沒有利潤可賺的情況下，其股票都在以高價出售。股票價格攀高的現象反映了市場期望以後能夠獲得更高的收入。

未來本益比很重要

一個資深投資者認為目前的本益比沒有將來的本益比重要，投資者總是喜歡在有巨大發展前途的商業公司投資。為了使本益比對投資者更加有所幫助，則需要了解關於公司的更多資訊。一般來說，投資者會把公司現年的本益比與往年的本益比進行比較，從而推斷出公司的增長情況。同時，投資者還會把這家公司的本益比，同從事相同產業的其他公司的本益比進行對比。

並非每日交易者才是資深投資者

現在，很多人參與「每日交易」，由於網路下單方便快捷，這種交易變得愈來愈火爆。每日交易者希望在一天之內，透過買賣證券來賺取利潤。他們對市本益比非常熟悉。一個成功的每日交易者和不成功者之間的差別，常常是他們洞察本益比的能力有很大不同。絕大部分的原因，是成功的每日交易者花時間學習技術性或基礎性投資的基本知識；而沒有受過適當的企業教育和財務分析技能教育的每日交易者，則像是個賭博者，而不是交易者。只有受過教育的成功的每日交易者，才能被看作是資深投資者。

實際上，據說大部分的每日交易新手，在兩年內就損失掉了他們部分或所有的資本，以致放棄從事交易。每日交易是一種非常有競爭性的S象限的行為，需要非常淵博的知識，還要會充分地使用別人的錢。

學會在股市崩盤時保持一個冷靜的頭腦和明智的投資，這些都是資深投資者相當重要的心理素質和技能。此外，一定要記住，正是在股市崩盤時，很多人成了富翁。

第二十四章　智謀型投資者

智謀型投資者之所以比資深投資者技高一籌，在於他還悉心研究法律體系，並從中找到對投資有利的條件。富爸爸把智謀投資者定義為既精通資深投資者的理財知識，又熟悉以下法律的投資者：

1、稅法

2、公司法

3、證券法

雖然智謀型投資者並不是律師，但是他們會依據法律，按投資專案和潛在利潤來制定投資策略。他們常常會利用不同的法律法規，以極小的風險獲得較高的投資回報。

認識E－T－C

由於了解了法律基本知識，智謀型投資者就能充分利用E－T－C的優勢，E－T－C這三個字母分別代表：

．實體（entity）

．時機（timing）

．收入特性（characteristic）。

富爸爸對E－T－C的描述是：「E代表對實體的控制管理，即對商業組織結構的選擇。」如果你只是一個雇員，那麼這些往往是你無法控制的。S象限的人通常能選擇以下實體：獨家經營企業，合夥經營企業（這是最差的組織結構，因為你有權擁有收益的一部分，但要承擔所有的風險）、自由職業者公司，有限責任公司、有限責任合夥企業、股份有限公司。

如今，在美國倘若你是律師、醫生、建築師、牙醫等，並且選擇股份有限公司做為你的實體，那麼你的最低稅率為35％，而像我一樣提供非特許的專業服務公司只需繳納15％的稅。

這額外的20％的稅差長年累計起來就是很多的錢。這意謂著，在股份有限公司裡非職業人員每年的年初比職業人員在財務上要有20％的領先優勢。

富爸爸對我說：「想想那些不能選擇實體的E象限的人們吧，對他們來說，不管怎樣努力工作，不管賺得多少薪水，總得先向政府繳納所得稅。他們工作愈努力、賺錢愈多，政府向他們徵稅就愈多。究其原因，還在於E象限的人不能控制實體、支出和稅款。再者，他們不能首先支付自己所需，因為，早在一九四三年的《稅收法案》就規定了政府有權向公民徵收所得稅。自該法案通過之日起，政府一直是首先需要支付的物件。」

在美國，合夥企業、自由職業者公司、有限責任合夥企業和有限責任公司常被稱為「傳遞」（pass-through）實體，因為其收入透過投資回報的形式，進而轉為了業主利潤。我的建議是你可以請教一位稅務顧問，從而找到一種適合你自己情況的實體。

富爸爸選擇股份有限公司做為實體

「你總是選擇股份有限公司作為你的實體，是吧？」我問富爸爸。

「大多數時候是的。」他回答說，「要記住選擇產品與公司實體前應該先有個計畫，B象限的人通常對最好的經營實體，有更多的選擇機會和控制力量，從而能最好地實現他們的計畫。當然，這個計畫依舊需要與你的稅務顧問和會計師一起討論制定。」

「但是你為什麼選擇股份有限公司做為你的實體呢？」我問，「它有什麼不同之處對你來說如此重要？」

「有很大的不同。」他解釋道，「獨家經營企業、合夥企業、自由職業者公司都是你的一部分，簡言之，它們是你的外延（an extension of you）。」

「那麼股份有限公司是什麼？」我問。

「股份有限公司是另一個你，它不僅僅是你的外延，它也能成為你的複製人（a clone of you）。如果你真想學經商，就不要想著僅僅做為一個個體戶從事商業活動，那樣做有太多的風險，特別是在當今這個法律訴訟滿天飛的年代。當你想要從事商業活動時，你應讓你的複製人進行商業活動。你不要希望做為個體公民經商或擁有財產。」富爸爸教導我，「如果你想變成富裕的個體公民，那麼在帳面上你就要盡量顯得一貧如洗、身無分文。」富爸爸又說，「與此相反，窮人和中產階級卻總希望以個人的名義擁有一切。他們稱之為『占有的榮譽』，我卻稱之為『掠奪者和律師的目標』。」

富爸爸竭力闡明的是「富人不想擁有一切而想控制一切。他們透過公司和有限責任合夥企業控制一切」。這正是對富人來說對E－T－C中的E（實體）進行控制至關重要的原因。

在過去的兩年內，我目睹了一場災難。它使我清楚地認識到，對於實體的準確選擇，確實能幫助一個家庭避免毀滅性財務事件的發生。

有一家五金商店經營得非常成功，這是一個家庭合夥制小企業。這家人在鎮上住了很久了，認識鎮上的每一個人，生活也很富裕，積極參與社會活動，並加入了各種慈善組織。你再也找不到比他們更加充滿愛心、願意慷慨解囊的夫婦了。一天夜裡，他們的女兒酒後駕車，出了車禍，撞死了另一輛車上的一位乘客。這家人的生活從此發生了巨變。十七歲的女兒被判入獄七年，整個家庭失去了包括生意在內的一切所有。我舉這個例子，並不想做道義上的聲明，而只是想說明合理的理財方案，無論是家庭的或是公司的財務方案——如果能夠透過使用保險、信託、有限合夥企業或公司等方式，也許可以阻止這個家庭的悲劇。

什麼是雙重納稅？

經常會有人問我：「你為什麼推薦股份有限公司，而不是自由職業者公司或有限責任公司？你為什麼願意雙重納稅呢？」

公司之所以會有雙重納稅是因為公司不僅要為其收入納稅，而且當公司向股東發放股息時，股東還必須以個人身分納稅。雙重納稅還會發生在公司出現不當銷售，而又已宣布清算股利時。對公司來說，股利不可減少；就股東而言，股利必須納稅，這便是雙重納稅的緣由。

實際上，雇主經常透過增加自己的工資來減少或除去企業利潤，從而排除重複納稅的可能性。另外，隨著公司繼續發展，企業的盈餘不斷用於擴大經營規模，進而促進企業的壯大。（在美國，公司必須證明自己的累計收益是正當的，否則就會受到「累計收益稅法」的制裁）這樣一來，在沒有股息申報時，雙重徵稅就不會出現。

我個人非常喜歡股份有限公司，因為我認為股份有限公司能夠提供最大的靈活性。我做事總是喜歡展望鴻圖。創業伊始，我期望自己的公司能成長為大企業。如今許多大企業都是股份有限公司。我發展企業，是因為我想出售它們或將其上市，而非獲得股息。

有時，我也選擇其它的實體。例如，我最近與人合夥創建了一家有限責任公司，憑此我能買下一棟房子。

你應該與你的財務顧問和稅務顧問商量，以確定適合你自己情況的商業機構。

時機

富爸爸所說的T指的是時機（Timing）。「因為最終我們都需要納稅，所以納稅時機才是最重要的。納稅是文明社會的一種生活費用，富人不但盡力控制納稅數額，而且控制納稅的時間。」

了解法律有助於控制納稅時間。比方說，美國稅法第一〇三一條允許你在不動產投資中將收入「滾雪球」（roll over），只要你將收入用於以更高價格買下另一筆不動產，你就被允許延緩納稅時間直到第二筆不動產出售（或者你可以選擇反覆「滾雪球」——可能永遠！）。

股份有限公司還具有另一時機上的優勢。大多數的個人、合夥企業、自由職業者公司和有限責任公司，必須在十二月三十一日申報納稅，而股份有限公司能按會計需要，挑選不同的年終納稅報帳時間（如六月三十日）。這就使公司有時間制定如公司和個人的納稅計畫並確定納稅時機。

所有實體選擇、時間安排都應該具有合法的商業目的，並且都必須透過與你的法律顧問和稅務顧問充分討論決定。雖然我個人也運用這些稅務方案，但我都是在法律顧問、稅務顧問的悉心指導和策畫下進行的。

下面圖表描述了多種形式的商業實體，指出了當你選擇實體時應考慮的問題。請注意，當你選擇適合的商業實體時，有必要與法律、稅務顧問仔細討論一下你個人的財務、稅務狀況。

美國公司組織

實體	控制	負債	稅務	會計年度結束日	持續時間
獨資企業	你有完全的掌控	由你全權負責	你需在個人納稅申報表上報告訴有的收入與支出	日曆年末	公司在你死亡時終止
一般合夥企業	包括你在內的每一個合夥人都應參與合同和其他商業協議的簽定	對公司全部債務負完全的法律責任，包括合夥人的債務	在個人納稅申報表上填報你的合夥收入	多數與利息稅繳納日期一致，或由主要合夥人商議決定；否則，必須是日曆年度	合多人任何一方死亡或退股則公司終止
有限合夥企業	普通合夥人控制企業	普通合夥人負完全責任——有限合夥人僅對自己投資部分負責	由公司負責年度申報——總合夥人和有限合夥人需填寫個人納稅申報表，報告其收入與損失。損失限制在一定範圍以內	多數與利息稅繳納日期一致，或由主要合夥人商議決定；否則，必須是日曆年度	不隨有限合夥人的死亡而終結，但可能隨總合夥人的死亡而終結，除非合夥協議上另有的規定
有限責任（LLC）	業主、即股東有控制權	業主或股東對公司債務不負法律責任	各州法律不同，允許你自行選擇處理辦法	各州法律不同，允許你自行選擇處理辦法	各州法律不同，在一些州，公司會隨某一業主或股東的死亡而終止
股份有限公司(C-Corportation)	股東選出董事會，董事會任命經理等職，董事長等擁有最大控制權	股東僅對投資於該公司的股權負責	公司繳納公司稅款，股東繳納各自的股利	任何一個月末。私人服務型公司必須使用日曆年度	公司做為法律實體而獨立存在，它不以業主、股東、董事長的死亡而終結

注意：請與你的財務顧問及稅務顧問討論，以確定適合您具體情況的實體。

收入的特性

E－T－C中的第三個組成部分C（Characteristic，收入的特性），富爸爸說：「投資者有控制力，而其餘的人在賭博。富人之所以富有是因為與窮人和中產階級相比，他們對錢有更大的控制力。你一旦理解了金錢遊戲就是控制遊戲，你就會把眼光集中於一條重要的生活法則，不是賺更多的錢，而是獲得更多對錢的控制力。」

富爸爸取出他的小筆記本，寫下三行字：

1、工資收入（ordinary earned income）。

2、被動收入（passive income）。

3、證券組合收入（portfolio income）。

「這是三種不同類型的收入，」富爸爸強調我應當知道這三種收入是不同的。他同時指出E－T－C中的C指的是「收入的特性」。

「這三種收入有很大差別嗎？」我問。

「是的。」他回答：「特別是當與實體和時機結合起來考慮時，差別就更大了。你可能首先會想到控制實體和時機，但不要忘記控制收入特性是最重要的財務管理專案。」

思索了一段時間，我才漸漸理解了為什麼說控制這三種收入的特性是如此的重要。

「了解不同收入的特性是十分重要的，因為各種收入的特性把富人和窮人區分開來，」

富爸爸分析道，「窮人和中產階級關注工資收入，富人則關注被動收入和投資組合收入。這正是富人和工薪階級的基本區別。由此可見，收入特性控制的確是基本控制，特別是對想發財致富的人來說。」

「在美國和其他一些經濟發達國家，即使是一美元的工資收入也須繳納比非工資收入和證券組合收入更高的稅率。這部分稅款用來提供多種形式的社會保險。」富爸爸繼續解釋道，「所謂『社會保險』就是政府支付給社會各階層的保障費用。在美國，社會保險包括社會安全保險、醫療保險、失業保險等。所得稅被列為社會保險稅之首，而被動收入和投資組合收入不需繳納社會保險稅。」

「每天我起床後拚命工作，賺到的錢都屬於工資收入，那不是意謂著我得繳納更多的稅嗎？所以，你就一直鼓勵我把注意力轉向弄清我想要哪種收入上。」

我意識到富爸爸把我帶回了《富爸爸，窮爸爸》中的第一課，「富人不為錢拚命工作，而是讓錢為自己努力工作」。我突然明白了這句話的含義。我需要學會怎樣把工資收入轉變成被動收入和投資組合收入，這樣才能使我的錢能夠開始為我工作。

智謀型投資者掌握的投資控制工具

1、自我控制

2、控制兩個比率，即「收入／支出比率」及「資產／負債比率」

3、控制稅款
4、控制購買和售出的時間
5、控制經紀業務
6、控制E－T－C（實體、時機和收入特性）

智謀型投資者擁有的「E」

1、教育（Education）
2、經驗（Experience）
3、充足的現金（Excess cash）

美國證券交易委員會規定中的智謀型投資者，並不一定是特許投資者，但他們在財務和公司業務上有充分的知識和經驗、能評估出投資的預期收益和風險。美國證券交易委員會認為特許投資者（因有一定的財力能支付得起雇用顧問的費用）有能力保護自己的利益。

相較之下，我們認為許多的特許投資者和資深投資者其實並不夠有智謀。許多有錢人從未學習過投資和有關法律基礎知識，他們當中許多人是依靠智謀型投資顧問為其投資的。

智謀型投資者充分理解法律的影響力和所提供的有利條件，他們構造投資組合以求最大限度地利用實體、時機和收入特性。與此同時，他們也向法律顧問、稅務顧問徵求意見。

許多智謀型投資者常常願意當外部投資者投資於其他實體。由於他們不可以擁有投資管理控制權，這就把他們與內部投資者區別開來。他們可以在不擁有公司控股權前提下投資於管理層，另外，他們可以做為不動產財團的合夥人，或者做為大公司的股東參與投資。他們仔細研究、謹慎投資，但是缺乏對潛在資產管理的控制力，因而只能獲得公司運作的一般資訊。缺乏對管理的控制力，正是智謀型投資者與內部投資者的根本不同之處。

然而，智謀型投資者仍然利用E－T－C分析法分析其投資組合。在第四階段，我們將討論智謀型投資者是怎樣運用這些原則，獲取法律提供的最優惠條件。

智謀型投資者的特徵

除了以上討論的三種收入特性外，還有三種普遍原則可以區分智謀型投資者與一般投資者。智謀型投資者對下列概念瞭若指掌：

- 好債與壞債
- 好的支出與壞的支出
- 好的虧損與壞的虧損

按常規，好債、好支出、好的虧損都能為你帶來額外的現金流。例如，用來獲取每月都有現金收入的可出租資產的債務就是好債務。同樣，用於法律、稅務諮詢方面的支出就是好的支出，因為在納稅時，它可能為你節約上千元。因不動產貶值而引起的虧損稱為好的虧損，這種虧損也稱為「影子」虧損，因它只是紙上的虧損，不需要現金的實際花銷，其最終結果是一筆因虧損而收入抵減，納稅額減少形成的儲蓄。

知道好壞債、好壞支出、好壞虧損的不同，就能辨別智謀型投資者與普通投資者了。普通投資者當聽到「債務、支出、虧損」這些詞時，常會做出消極反應，因為據他們的經驗，債務、支出、虧損總會導致現金流出腰包。

智謀型投資者會虛心聽取會計師、財務顧問、稅務顧問的建議，然後建構起最利於他們投資的財務機構。他們尋找體現E－T－C特徵的業務來投資，因為這些特徵能支援他們的個人理財方案——發財致富的宏偉藍圖。

智謀型投資者的風險觀

我記得富爸爸曾為我講過一個有關風險的故事。儘管，其中一些已在書中提過，但有必要再重述一下。一般投資者與智謀型投資者對風險的看法大相逕庭。因此，從風險觀入手，才能真正識別誰是智謀型投資者。

一天，我找到富爸爸，對他說：「我爸覺得您太冒險。他認為一份財務報表是安全的，你卻認為一份財務報表是危險的。你們兩人的觀點似乎完全不同。」

富爸爸笑著說：「的確如此。」接著又是一陣笑聲。「我們倆幾乎是針鋒相對呢！」富爸爸思量片刻後又說道，「如果你想真正富起來，就不得不改變你的安全風險觀。窮人和中產階級認為安全的，我卻認為是危險。」

我琢磨著富爸爸的話，仍不能全懂，於是問道：「可以為我舉個例子嗎？」

「當然可以。」富爸爸說，「你爸爸常說應該去找一份沒有風險的工作，是不是這樣？」

我點點頭，「是的，他認為那樣的生活最有保障。」

「真的嗎？」富爸爸問。

「對他來說是吧！」我回答，「您有什麼見解？」

富爸爸點點頭，接著問：「當大的股份公司宣布解雇大量雇員時，通常有什麼情況發生？」

「不知道。」我答道，「你是問公司解雇很多員工後會發生什麼結果？」

「是的。」富爸爸說，「他們的股票價格會有什麼變化？」

「不知道。」我回答，「股票價格會下跌嗎？」

富爸爸搖搖頭，平靜地說：「不對，相反的是股票價格常常會上揚。」

我思忖了片刻後說道：「所以你經常談到現金流象限左右兩側的人有著巨大的差異。」

富爸爸點頭道：「非常大的差異，對一方來說是安全的東西，對另一方來說，卻是危險的。」

「那就是只有少數人成為富翁的原因吧？」

富爸爸再次點點頭，重複著說過的話，「對一方來說是安全的東西，對另一方來說便是危險的。如果你想致富，並為你的後代創造財富的話，那麼你就必須看到風險與安全的兩個方面，而一般投資者僅僅看到了其中的一面。」

智謀型投資者與普通投資者的差異

如今，我已長大成人，已能明白富爸爸的各種見解。現在，我認為是安全的東西許多人卻認為是危險的。以下列出一些差異。

總之，對一些投資者來說是安全的東西，對另一些投資者來說就是危險的，請見後面的圖表。

普通投資者	智謀型投資者
僅擁有一張財務報表。	擁有多種財務報表。
希望每一權東西都以私人名義得到。	不想以私人名義得到任何東西，而是利用公司實體。私人住宅、汽車通常都不在其名下。
不把保險當作投資，投資追求多樣性。	把保險當作投資產品，以避免風險帶來的損失。多使用諸如「已投保的」、「承受風險」、「套期保值」等詞語。
僅持有貨幣資產，包括現金和儲蓄。	既有軟資產（貨幣資產），又有硬資產，諸如不動產、珍貴金屬。珍貴金屬能避免因政府對貨幣供給管理不善而帶來的損失。
關注於工作保障。	關注於財務自由。
重視專業教育，避免犯錯誤。	重視財務教育，懂得犯錯誤是學習的一部分。
不關注財務資訊，或希望免費得到財務資訊。	樂意付錢獲取財務資訊。
考慮問題的方式是非好即壞、非黑即白、非對即錯。	從不同角度考慮問題。
死盯著過去的指標，如市盈率和頂利率。	尋找未來指標，如動向、形式、管理及產品的變化。
首找經紀人，徵詢投資建議，或者不請教任何人獨自投資。	最後找經紀人，與務務、法律顧問商量後再找合適的經紀人。經紀人通常為工作組的一部分。
尋求外界保障，如工作、公司、政府等。	重視自信、獨立等人格力量的培養。

結論：某些投資者覺得安全的行為，別人看來其實風險很高。

第二十五章　內部投資者

內部投資者是了解公司內部投資資訊，並且具有一定程度管理控制力的人。

雖然具有管理控制力是內部投資者的一個重要特徵，但是，富爸爸指出，他們最重要的特徵是，成為內部投資者不需擁有大量收入或資產淨值。經理、董事長或持有公司10％以上現有股票的業主，都屬於內部投資者。

許多有關投資的書籍都是為外部投資者所著，本書則是為想做內部投資者而寫的。

富爸爸總是希望我和他的兒子邁克成為內部投資者，而不是外部投資者，因為這是減少風險增加回報非常有用的途徑。

具備一定的金融知識，但又不符合特許投資者標準的人，也能成為內部投資者。正是由於這個原因，如今許多人進入了內部投資領域。內部投資者正在透過創建公司來累積他們所管理的、可以出售並且可以公開上市的資產。

奧肖內西（James P. O'Shaughnessy）在他的《華爾街股票投資寶典》（*What Works on Wall Street*）一書中分析了股市中各種股票的利潤。該書表明小型股比其他投資運作得更好。

1951 年 12 月 31 日投資的 1 萬美元，經每年市場資本化的再平衡過程，
至 1996 年 12 月 31 日所到達的價值（單位：百萬美金）。

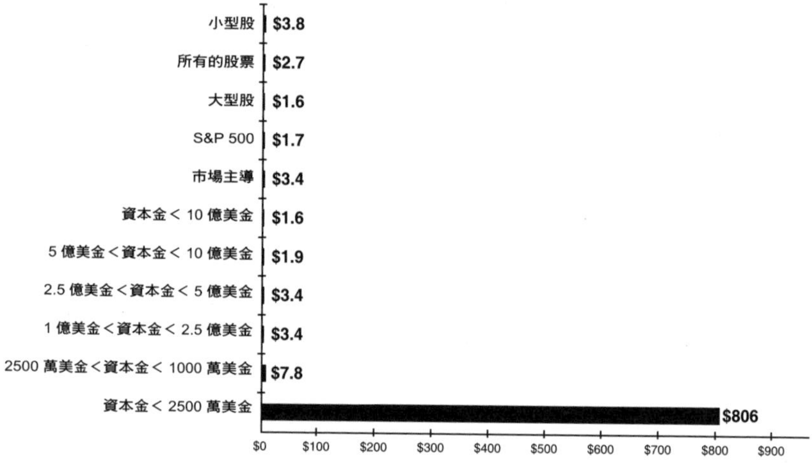

＊資料提供：《華爾街股票投資寶典》

幾乎所有的高額回報都是在市場資本低於兩千五百萬美元的小型股中被發現的。不被發現的原因是由於共同基金會認為盤子太小無法投資，而一般投資者又很難找到。正如奧肖內西所說的：「小型黑馬股對每個人來說，幾乎都是可望而不可及的。」這種股票交易量很小，因而詢價與收購價通常是分離的。這就是只有10％的投資者控制90％股份的一個實例。

如果你不能找到這樣的股票投資，那麼考慮另外一個好辦法吧，建立起你自己的小盤股公司，做為內部投資者去享受超額利潤。

透過公司，成為內部投資者

做為內部投資者，我實現財務自由。記住，我以開小公司起家，並做為智謀型投資者買進不動產。我學會運用有限合夥企業和有限責任公司，來經營營運業務，並減少稅收及進行資產保護。我接著又開了幾家公司並獲得更多的經驗。利用從富爸爸那裡學到的金融知識，做為內部投資者的我開始經營公司和業務。直到我做為智謀型投資者取得了巨大的成功之後，才成為特許投資者。我從來不認為自己是資深投資者。我不知道怎樣挑選股票，並且不做為外部投資者選購股票。（為什麼我要做為外部投資者呢？因為內部投資者風險既小又能獲得更多的利潤！）

如果我透過開公司而能成為內部投資者，那麼你同樣也能做到。記住，你掌握的對公司的控制權愈多，風險就會愈小。

內部投資者掌握的投資控制工具

1、自我控制
2、控制兩個比率，即收入／支出比率及資產／負債比率
3、投資管理控制
4、控制稅款
5、控制購買和售出的時機
6、控制經紀業務
7、控制E－T－C（實體、時機和收入特性）
8、控制協定的期限和條件
9、資訊渠道控制

內部投資者擁有的「E」

1、教育（Education）
2、經驗（Experience）
3、充足的現金（Excess cash）

美國證券交易委員會把「內部人」定義為知道有關公司未公開信息的人。一九三四年

「證券交易法案」規定，任何人從未公開的資訊中謀取利益是違法的。這些人包括公司內部的人，也包括從公司內部人員之處獲得到祕密資訊，並利用這些資訊牟利的人。

我這裡講的「內部人」，是指能管理控制公司運作的投資者。內部投資者對公司的經營方向有控制力，而外部投資者對公司的經營方向沒有控制力。羅勃特區別了合法的和不合法的內部人交易，他也強烈反對不合法的內部人交易。同時，他指出合法賺錢其實是件很容易的事。

創造控制力

做為私人企業的雇主，你投資的錢是你自己的。如果你有外部投資者，那麼你就有受信託的責任，管理好他們的投資，同時你也能控制公司的管理，並有控制、獲得內部資訊的途徑。

購買控股

除了建立你自己的公司外，還可以透過買下一家公司的控股權而成為內部投資者。買下公司的大量股票就能使你獲得控股權。記住，當你不斷增加你的控制力時，你就是在不斷減少投資中的風險。當然，這是在你掌握了妥善管理投資技巧的前提下。

如果你已經擁有了公司並想擴大其規模，你可以透過兼併或合併獲得另一家公司。有關兼併或合併的重要問題實在太多了，這裡不能一一解釋。然而，有一點非常重要，那就是在購買、兼併、合併之前，要尋求令人滿意的法律、稅務、財務方面的建議以確保這種交易的順利進行。

從內部投資者變成終極投資者，你必須下決心出售一部分或全部的生意。下面的問題會有助於你做出決定：

1、你還喜歡這家公司嗎？
2、你想開設另一家公司嗎？
3、你想退休嗎？
4、這個公司有盈利嗎？
5、這個公司是不是發展得太迅速，以致令你無法控制？
6、你的公司是否想透過出售股票或把自己的公司出售給另一家公司來籌集投資基金？
7、你的公司有公開拍賣的金錢和時機嗎？
8、在不影響公司運作的情況下，你能把工作重心從公司日常的運作轉到談判公開拍賣等問題上嗎？
9、你所在的行業在擴大還是在縮減？
10、你的競爭對手對你的生意會產生哪些影響？
11、如果你的公司足夠強大，你能把它傳給孩子或其他家庭成員嗎？

12、家庭成員中（如孩子）是否有人訓練有素，有較強的管理能力能夠接管公司的業務？

13、這個公司需要你所不具備的管理技能嗎？

許多內部投資者都快樂地經營著他們的公司和投資組合。他們不想透過公開拍賣出售他們的一部分生意，他們也不想徹底賣掉公司。羅勃特最好的朋友邁克就已經成為這種類型的投資者。他非常滿意地經營一個他和他父親共同建立起來的公司。

第二十六章　終極投資者

終極投資者像比爾．蓋茲和華倫．巴菲特這些聲名顯赫的人物。他們創建了龐大的公司，別的投資者也都想向這些公司投資。他們創造鉅額資產，價值需以億計。

蓋茲和巴菲特之所以能夠成為大富豪，不是因為他們擁有高薪或擁有出色的產品，而是因為他們創建了巨大的公司並且將其公開上市。

大部分的我們不可能創建如微軟或伯克希爾公司（Berkshire Hathaway）這樣的大公司，但我們有可能創建小型企業，然後將其出售給個人或公眾以發財致富。

富爸爸常說：「有些人建造房子出售賺錢，也有人製造汽車，而終極人物創建千百萬人都想擁有其股份的公司。」

終極投資者的投資控制工具

1、自我控制

2、兩個比率，即「收入／支出比率」及「資產／負債比率」

3、投資管理控制
4、控制稅款
5、控制購買和售出時間
6、控制經紀業務
7、控制E－T－C（實體、時機和收入特性）
8、控制協定的期限和條件
9、資訊渠道控制
10、控制財富回饋、慈善活動和財產再分配

終極投資者擁有的「E」

1、教育（Education）
2、經驗（Experience）
3、充足的現金（Excess cash）

IPO的優缺點

「公開上市」有優勢也有劣勢，我們以後將會就這點再詳細討論。下面是首次公開發行（IPO）的一些優缺點。

優點：

1、允許業主兌現部分公司的股權，例如蓋茲最初的合夥人保羅．艾倫（Paul Allen）為了買下幾家有線電視公司，而出售了一些微軟的股票。

2、增加發展資金。

3、償還公司債務。

4、增加公司資產淨值。

5、允許公司向其雇員提供認股權，以此做為福利。

缺點：

1、你的經營活動已公開化，所以不得不向公眾透露那些原屬私有的資訊。

2、首次公開發行太昂貴。

3、你的工作重心從管理企業經營活動轉向適應和符合公開上市公司的要求。

4、季度、年度彙報專案繁多。

5、你時刻面臨失去對公司控制的風險。

6、如果你的股票不能在股票市場上良好運行，你就會面臨被股東控告的危險。

對許多投資者來說，企業上市的潛在財務利潤，遠遠超過首次發行的潛在不利條件。

從我的道路出發

本書以下部分的內容，是關於富爸爸引導我從一個內部投資者到智謀型投資者，後來成長為終極投資者的過程。

他再也沒必要引導他的兒子邁克了，因為邁克已經很滿足於成為一位內部投資者。在此後幾章中，你將會了解到富爸爸認為是十分重要的東西、我需要學的東西，以及我在創業道路上犯下的一些錯誤。我真心希望你們能夠記取我成功的經驗和失敗的教訓，闊步邁進通向終極投資者的光明燦爛大道。

第二十七章 快速發財致富的途徑

富爸爸常常向我講述各種不同水平的投資者，他想讓我懂得致富的各種投資途徑。富爸爸就是做為內部投資者投資而致富的。他以開辦小企業起家，並不斷學習運用稅務優惠政策。他很快獲得了自信，很年輕時就成為了一名智謀型的投資者。他已創建驚人的金融企業；而我的親生父親，一位政府雇員，一輩子拚命工作，至死依然是兩手空空。

隨著我一天天長大，富爸爸和窮爸爸的差距日益明顯。後來，我問過富爸爸，為什麼他變得愈來愈富有，而我爸爸卻工作得愈來愈艱辛？

在本書的前言中，我講述我與富爸爸漫步海濱、參觀他的海濱不動產的故事。在海濱漫步時，我意識到富爸爸買下了只有富人才能獲得的投資。當時我很納悶，我的親生爸爸比他賺錢掙得多，卻無法承受那筆昂貴的投資，這是什麼原因呢？於是我決定問個究竟。

在海濱散步的時候，富爸爸為我講述他的基本投資方案。他說：「我也買不起這筆不動產，但我的公司買得起。」正如我在前言中提到的，就是那個時候我對投資的力量產生了極大的好奇，然後，我開始學習不動產方面的知識。那次海濱散步時我十二歲，但我已開始了解到世界上許多富豪的投資祕密，以及占總人口總數10％的人，之所以能夠控制全球90％財富的原因。

我也曾提到過麥當勞的創始人雷．克羅克為我朋友的MBA班講課的事情。他告訴同學們說：「我不是做漢堡的，我是經營不動產。」這就是麥當勞擁有世界上最高價值不動產的原因。雷．克羅克和富爸爸都懂得做生意的目的是購買資產。

富爸爸的投資方案

在我還在讀小學的時候，富爸爸就試圖教會我識別富人、窮人和中產階級的差異。在一次星期六的課上，他對我說：「如果你想得到一份有保障的工作，就聽從你爸爸的建議吧；如果你想獲得財富，就得聽從我的建議。魚和熊掌不可兼得，你爸爸既想獲得工作保障又想發財致富，這種希望十分渺茫。遊戲規則並不垂青於他。」

在《富爸爸，窮爸爸》一書中，富爸爸曾描述過公司的力量。在《富爸爸，有錢有理：財務自由之路》一書中，我分析過不同的稅法怎樣限制著不同象限的人。富爸爸對我講這些，是想讓我清楚地認識到他的投資方案和我爸爸的投資方案是何等不同。他講的這些不同之處，對我大學畢業和服完兵役後的那段人生產生了重大影響。

「我的公司用納稅前的資金購買資產。」富爸爸邊說邊畫出如下的示意圖：

「你爸爸用納稅後的資金購買資產，他的財務報表如下所示。」

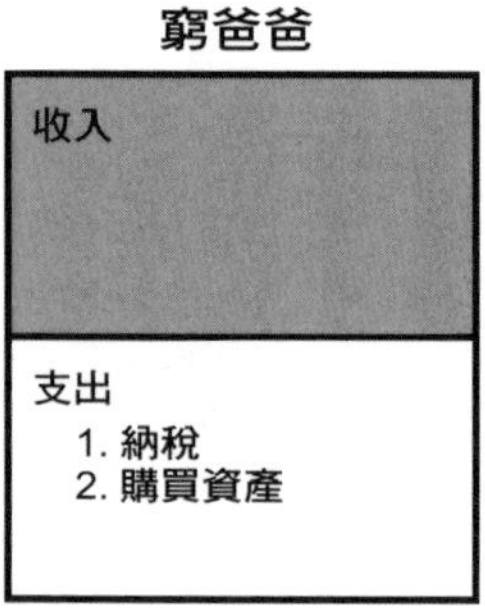

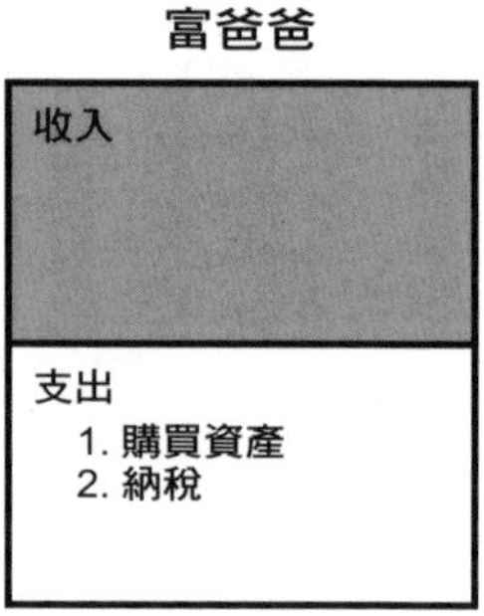

做為一個孩子，我用好奇的眼神望著富爸爸，我還不能完全理解富爸爸的這些話語，但

我確實看到它們的區別。為徹底弄清楚，我不停地向他探詢究竟。為了幫助我更清楚理解，他又畫出如下的示意圖：

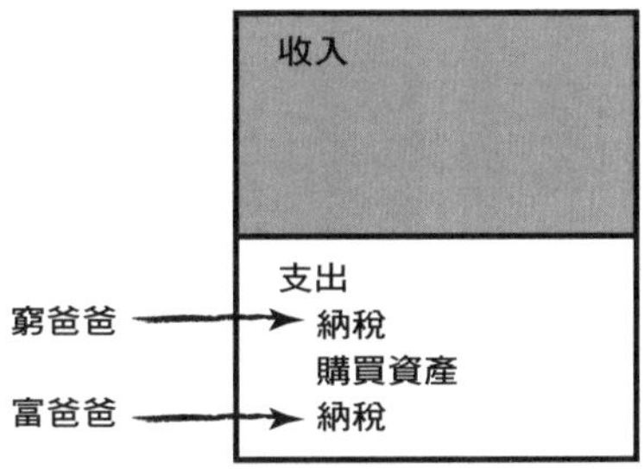

「怎麼回事？」我問富爸爸，「為什麼你可以後納稅，而我爸爸要先納稅？」

「因為你爸爸是雇員，而我是企業主。」富爸爸說，「要知道，雖然我們都生活在同一個自由的國度，但是並非每個人都遵循相同的遊戲規則行事。如果你想快速致富，最好遵從富人使用的遊戲規則。」

「我爸爸要繳納多少稅款？」我問。

「嗯，你爸爸是高薪政府雇員，我估計他得以一種或多種形式，繳納其收入至少50％到60％的稅款。」富爸爸說。

「那你支付多少稅款？」我問。

「嗯，你這個問題問得不清楚。」富爸爸說，「你該問我的應稅收入是多少？」

我不解地問：「這兩者區別何在？」

富爸爸說：「我只對淨收入納稅，而你爸爸是從總收入中提留稅款，這就是你爸爸和我最大的區別。我之所以很快致富，是因為我用總收入購買資產，而以淨收入納稅。你爸爸為總收入納稅而用淨收入購買資產。這就是他很難變富的根本原因。他把大量的收入首先給了政府，這些收入他本該用來購買資產。相反地，我買了資產後才為剩餘的淨收入納稅。我先購買資產，然後繳納稅款；而你爸爸先繳納稅款，然後才用剩餘的極少現金購買資產。」

在十一、二歲時，我還不能真正聽懂富爸爸的話。我只是覺得他的話聽起來是不公平的，所以我抗議道：「真不公平！」

「是的，你說得對。」富爸爸點點頭，「是不公平，但這是法律。」

富人的遊戲規則

當我在投資研習班上與來自世界各地的同學討論這個問題時，常有人說：「這可能是美國的規則，但不是我們國家的規則。」

由於我在許多英語國家授課，所以經常這樣回答：「你怎麼知道？是什麼使你覺得每個國家的規則是不同的？」事實上，許多學生根本不知道哪些規則是相同的、哪些是不同的，因此，通常我會為他們上一節短課，講解經濟史和法律。

我告訴他們，許多英語國家的法律是共同建立在英國法律的基礎之上，這個法律經由英國的東印度公司傳遍整個世界。同時，我也告訴他們富人開始制定法律的確切時間。一二一五年，「馬格拉．卡達法案」（Magna Carta）這一英國憲法史上最著名的文件簽署了。隨後，約翰國王把他的部分權力交給了英國的貴族。現在人們普遍認為該法案導致歷史上反對濫用貴族權力的運動。

接著，我進一步解釋富爸爸告訴我的「馬格拉．卡達法案」的重要性。「該法案簽署後，富人們就一直在制定法律、制定他們的遊戲規則。」他又說：「道德上的黃金規則是『對待別人要像你希望別人對待你自己一樣』；經濟上的黃金規則是『有錢的人制定法律』；然而，我認為真正的黃金規則是『制定法律的人才能獲得財富』。」

用你的公司為你購置資產

當我二十五歲即將離開海軍陸戰隊時，富爸爸提醒我，不要忘記富人與窮人的生活道路是不同的。

他說：「這就是你爸爸投資獲得財產的示意圖。」

他又說：「下面這幅示意圖表明了我是怎樣投資的。」

「要知道，對於不同象限的人，遊戲規則也是不同的。儘管，你可能認為在航空公司的工作在短期內頗有樂趣的，但從長遠來看，它並不會使你變得如預期般地那樣富有。因此，應該仔細考慮一下再決定你該做什麼。」

稅法是怎樣改變的？

雖然，富爸爸沒能完成正式學業，但他鍥而不捨地鑽研經濟學、法律和世界史。當他得知我在紐約國王點（Kings Point）的美國商業海運學院（一九六五—一九六九）學習世界貿易時，他非常興奮，因我的課程包括海事法、商業法、經濟學和公司法，因為，我學完這些課程後，很有可能就不想當飛行員了。

在歷史中發現原因

歷史上，波士頓居民為抗議繁重的賦稅，而組織了「波士頓傾茶事件」（Boston Tea Party），這正是美國和其他英屬殖民地的不同之處。也因為美國是低稅國家，吸引許多來自世界各地想迅速致富的企業家，所以，美國經濟在十九世紀、二十世紀取得迅速發展。一九一三年，我們通過「第十六次憲法修訂案」，該法案規定富人必須向政府繳納足夠稅款，美國的低稅歷史就此結束。然而，富人們已經找到了逃出陷阱的辦法。由此可見，對不同象限的人來說，規則是不同的。但規則特別青睞B象限的人，也就是美國超級富有的企業家們的象限。

富人們為了報一九一三年稅法改革的一箭之仇，悄悄尋找機會修改法律。他們把稅款壓力轉嫁到其他象限身上。

稅款的演變過程如下：

一九四三年，「現行納稅法案」通過。如今，不光是富人要向政府納稅，E象限的人也必須納稅。如果你是政府雇員，即在E象限內，你再也不能先支付自己的生活費用，因為，政府首先會得到你的個人收入所得稅。人們常常會驚訝地發現，從他們收入中扣留的直接稅和隱藏稅是如此之多。

一九八六年「稅務改革法案」通過，它大大影響了社會中每一位職業人員，如醫生、律師、會計師、建築師、工程師等等。該法案阻止了S象限的人運用與B象限的人相同的稅法。例如，倘若S象限的人有和B象限的人一樣的收入，S象限的人不得不按最低為35％的稅率納稅（如果加上社會保險稅將會是收入的50％）；而B象限的人很可能在同等收入上支付0％的稅款。

換句話說，這條黃金法則——「誰控制了規則，誰就擁有了財富」，再次被證明是千真萬確的。自從一二一五年英國貴族強迫國王簽署「馬格拉法案」起，法律的制定一直被B象限的人所控制。

一些法律及其沿革在《富爸爸，窮爸爸》和《富爸爸，有錢有理：財務自由之路》兩書中有極為詳細的解釋。

做出致富道路的決定

我決定遵從富爸爸的投資方案之後，他對我成功的機會做簡潔明瞭的分析，這更加使我信心百倍。他畫一幅現金流象限圖，對我說：「你首先應該決定在哪個象限，對你成就輝煌事業的機會最大。」

他指著E象限說：「你不具備能使雇主給你高薪的專業技術，因而你永遠不能賺到足夠的錢用在投資。另外，由於你感情脆弱，易於厭煩、疲憊，注意力不易集中，不能很好地接受專業訓練，所以，你在E象限取得成功的機會很小。」

接著，他又指著S象限說：「S象限代表機靈聰慧，那正是許多醫生、律師、會計師和工程師在S象限的原因所在。你也很聰明，但不算精明，永遠不是最好的學生。S還代表明星，但你不會成為歌星、電影明星、體育明星，因此你在S象限賺大錢的機會也很小。」

富爸爸繼續說：「現在就剩下B象限了，而這個象限很適合你。由於你缺乏專業技能或獨特的天賦，那麼你只有在這個象限才能發財致富。」

經過一番分析，我做出了決定：我取得成功的最佳途徑就是創立公司，因為這樣一來稅法對我有利。我在其他象限缺乏致富的技能，這反倒使我更加容易做出了上面的決定。

在實踐中豁然開朗

我在今天的研習班上，努力把從富爸爸那裡學到的智慧傳授給我的學生。當別人問我是怎樣投資的，我通常告訴他們我會透過公司投資，也就是按照富爸爸說的那樣，用我的公司購買我的資產。

講到這裡，總有人舉手發言問：

- 「但是我只是個雇員，沒有自己的公司。」
- 「不是每個人都能擁有公司呀。」
- 「開公司是有風險的。」
- 「我沒有錢投資。」

對於這些對富爸爸投資方案的不同反應，我提供以下的觀點。

針對「不是每個人都能擁有自己的公司」的說法，我想提醒大家，不到一百年前，許多人擁有自己的公司。大約85％的美國人是農場主或小商販，僅僅只有少部分人是雇員。我的祖父母、外祖父母那時都是小企業主。

當時，只有少數人是員工。我接著指出，「工業時代，在為高薪工作、生活保障、救濟金保障的前提下，人們彷彿都失去了獨立意識。」我們的教育體系被設計為專門用來造就雇員和專業人員的體系，而非企業家的搖籃。因此，自然而然地，人們就會覺得開公司是件冒險的事。

我想指出的是：

1、如果你們決心發展自己在商業方面的技能，所有的人都有潛力成為成功公司的老闆。我們的先人就是透過不斷發展，並依靠他們的創業本領而生存發展下來的。如果你今天沒有自己的公司，我要問的問題是，你願意付出努力去學習怎樣建立一個公司嗎？你是唯一能回答這個問題的人。

2、當人們說「我沒錢投資」或「我想不花錢購買不動產」時，我回答「也許你應轉換你所在的象限，在允許你先投資後納稅的象限中投資，那樣也許你會有更多的錢投資了」。

在投資方案中，你應首先考慮自己在哪個象限的成功機會有多大。在這個問題上做出決定後，你就可以開始用最低的風險為最高的回報投資。我相信你一定能抓住最好的機會，獲得愈來愈多的財富。

第二十八章 保留日常工作仍能致富

我已經決定開一家公司，但是，接下來面臨的難題是資金短缺。首先，我不知道如何建立公司；其次，我沒錢投資，甚至連維持生活的錢都不夠。飢腸轆轆，缺乏自信，於是我只好又撥通了富爸爸的電話，問他我該怎麼辦。

他立即答道：「去找一份工作。」

他的答案讓我感到吃驚，「我還以為你會叫我開一家自己的公司呢。」

「我是這麼想的，但你總得先有吃有住吧。」他說。

他接下來跟我說的話，我已告訴過了無數的人，富爸爸說：「成為一個企業家的首要原則，是不要單純地為錢工作，找一份工作只是為了能使你學到永久性的工作技能。」

在全錄公司（Xerox）我找到海軍退役後的第一份、也是唯一的一份工作。我選擇這家公司，是因為它擁有最好的員工訓練計畫。富爸爸認為，我不僅非常害羞，而且怕受挫折，因此，他建議我學習推銷，以便克服我的恐懼心理。於是從那以後，我每天穿梭在辦公大樓之間，敲開每一扇門，費盡心思地推銷每一台全錄影印機。那是一個非常艱辛的學習過程，然而，正是此過程使我日後成為百萬富翁。

富爸爸認為，「如果不懂得推銷，你就不可能成為一名企業家。」

起初兩年，我是檀香山分公司中最差的推銷員，於是我去上銷售課，買許多相關的教學錄音帶，反覆地聽，幾次我差點被解雇，終於我漸漸打開了銷路。儘管，我仍然很害羞，但是推銷訓練讓我獲得創業的基本技能。

但無論怎樣努力、無論我賣出多少台機器，還是擺脫不了缺錢的現實。我仍舊沒錢投資、沒錢開公司。有一天我告訴富爸爸，我打算去做兼職增加收入，以便我早一點開始投資。

富爸爸說：「人的最大的弱點就是為金錢所累。」他繼續說道，「大多數人的財務狀況總是得不到改善，是因為當他們需要更多錢的時候，他們就去做兼職。如果他們真的想改善財務狀況，要做的事應該是在工作之餘開始兼職的生意。」

富爸爸知道我正在學有價值的技能，並且很想成為投資者後，他畫了如下的圖表：

「現在是你創立個人事業的時候了，在業餘時間創立你自己的企業。」他說，「不要把你的時間浪費在做兼職工作上。如果你做兼職工作，那麼你只能待在E象限。但如果你在業餘時間創立自己的企業，你就會到B象限了。多數大公司開始時都是企業主在業餘時間創建經營起來的。」

一九七七年，我利用業餘時間開辦維可牢（Velcro）尼龍拉鏈錢包公司。如今，很多人已經熟悉這種產品了。同時，在一九七七年到一九七八年，我努力為全錄公司工作，最後成為那家分公司最好的明星推銷員。顯然，我在做好本職工作的同時，我用空閒時間籌備建立一家公司，很快地發展在其他國家設有分公司，並為我帶來數百萬美元收益的公司。

我的產品有各色的尼龍錢包、尼龍表帶和運動鞋上帶的尼龍袋，尼龍鞋袋裡可以裝鑰匙、錢或身分證。當有人問我是否喜歡我的產品時，我的答案是不太喜歡。我說：「我並不喜歡這些產品線，實際上，我真正感興趣的是建立公司時所要面臨的挑戰。」

我之所以特別提及這一點，是因為現在很多人對我說過這樣的話：

1、「我有一個新產品的創意。」

2、「你應該對你的產品充滿激情。」

3、「在我建立公司之前，我得物色到合適的產品專案。」

我通常會對這些人說：「世界上充滿新產品的偉大創意，和已經生產出來的出色產品，可是世界上缺乏遠見卓識的企業家，利用業餘時間創辦公司的根本目的，不是要製造出卓越的產品，而是要使你成為卓越的企業家。愈是出色的產品，常常就是很普通的常見東西，雖然成功的企業家很少，可是他們都很富有。」

拿微軟的創始人比爾．蓋茲來說吧，他甚至沒有發明過自己的軟體產品，他從一群電腦程式設計人員那裡購買軟體，因此創辦至今為世界歷史上最有實力和影響力的公司。蓋茲自己沒有生產出卓越的產品，但是他創辦出色的企業，這個企業使他成為世界上最富有的人。

這個要訣就是不要絞盡腦汁去生產最好的產品，而是要集中精力去重視創辦一家公司，讓你能在其中學會怎樣成為一位卓越的企業家。

在德克薩斯大學的學生宿舍，邁克・戴爾利用他的戴爾電腦開始他的業餘創業。後來，他退學，因為他從他利用業餘時間所做的生意中累積了財富，任何其他工作都不能使他如此富有。

亞馬遜網路書店是以在汽車庫裡兼職創辦的公司起家。如今，那個年輕人傑夫・貝索斯（Jeff Bezos）也已是億萬富翁了。

前車之鑑

許多人夢想建立自己的公司，但因害怕失敗而從未去嘗試。不少人想成為富人，卻因為他們缺乏基本的技巧和經驗而落了空，而商業技巧和經驗恰恰是獲得金錢的「法寶」。

富爸爸寓意深長地對我說：「你在學校裡接受的教育固然重要，但是你在大街上學到的東西，從某種意義上來說或許更加重要。」

在家裡利用業餘時間來創建一個企業，你可以學到無價的商業技巧，在許多方面能力得到提高，例如：

1、社交技巧

2、領導藝術
3、合作技巧
4、稅法
5、公司法
6、證券法

這些能力和知識在週末補習班上或單從一本書中是學不到的。直到現在，我仍然堅持學習，我學到的東西愈多，我的企業就愈受益。

人們透過利用業餘時間創建企業，從而學到如此多的技能的一個原因，就是因為他們已是做為內部投資者來經營其業務了。如果一個人能夠試著學習去建立企業，那麼，他就已經擁有獲得無限財富的商機。然而，E象限和S象限的人們存在的問題是，他們的機遇通常已被他們工作時的努力程度，和一天中有限的時間限定了，因此，終究無法獲得更多的財富。

第二十九章 創業精神統治頭腦

人們投資往往基於以下兩種原因：

1、賺錢以備退休後使用

2、賺更多錢

雖然，我們許多人投資都是出於這兩個重要原因，但是大多數人是因第一種原因去投資的。他們像儲蓄者般把錢放到一邊，希望隨著時間的推移錢會增值。他們決定投資，卻總是忐忑不安，擔心失敗往往多於關注如何成功。我曾目睹很多人因害怕失敗，而失去了許多投資機遇。其實，投資有時是需要跟著感覺走的。如果失敗的痛苦和恐懼過於強烈的話，那麼，這樣的投資者最好選擇謹慎投資。

然而，如果你留意觀察，就會發現謹慎戒懼的投資者，是不可能獲得鉅額財富的。唯有具備極強創業精神的投資者，才能使世界發生翻天覆地、日新月異的變化。

勇敢的探險家哥倫布的故事，是我最喜歡的故事之一，哥倫布堅信地球是圓的，他大膽地設計了一條通往富庶亞洲的新航線。但是，在他生活的年代，大多數人認為地球是平的。

許多人認為，如果哥倫布實施他的荒唐計畫，他將沿著地球的邊緣從地球上掉下去。為了向世人證明他的理論，身為義大利人的哥倫布，不得不尋求西班牙皇室的支援，說服西班牙皇室投資他的商業冒險行動。幸運的是費迪南德國王和伊莎貝娜王后提供了第一筆經費，支援哥倫布的探險行動。

在學校裡，我的歷史老師告訴我，這筆錢是哥倫布為了獲得知識去探險而籌集的。富爸爸卻告訴我，那是商業探險行為需要的資金。而西班牙國王和王后清楚，如果哥倫布成功地從西半球航行到東半球，他們的投資回報將是無比豐厚的。國王、王后和哥倫布一樣都有銳意進取的創業精神。國王和王后並不是盲目投資，他們投資是想要賺到更多的錢。這就是冒險精神，為得到巨大回報而冒險。國王和王后正是具備投資的冒險精神。

為什麼要創建企業？

當我開始籌畫怎樣利用業餘時間來創建自己的企業時，富爸爸「固執」地要求我接受這種精神。帶著這種精神，我開始自己的事業——創立跨國的企業。富爸爸說：「巨大的挑戰和不竭的激情，是你建立企業的動力。要成功，你就要全心全力地投入。」

富爸爸堅持要我建立企業，開發我的創業精神。他常說：「世界上到處都是有偉大思想的人，但是因此而獲得了鉅額財富的人卻屈指可數。」因此，他鼓勵我建立企業。他不關心產品是什麼，也不關心我喜歡那類產品的程度；他不在乎我的失敗，他只是鼓勵我去做。

如今，我遇到過許多有頭腦的人不敢開辦企業，或者初次的失敗就讓他們一蹶不振。在解釋這種現象的原因時，富爸爸常常引用愛因斯坦的話：「偉大的思想常常遭遇平庸思想的強烈衝擊。」富爸爸只要求我建立企業，以此來挑戰我的平庸思想，並在奮鬥的過程中，培養我的創業精神。富爸爸還說：「許多人寧願購買資產也不願創造資產，究其原因，就是他們無法讓創業精神統治頭腦，無力將創意轉化成無窮的財富。」

成功的企業家絕對富有

讓我們回到特許投資者的定義上來。富爸爸說：「一個特許投資者最低標準是，薪水要達到二十萬美元。對於某些人來說，這是一大筆錢，但是賺錢絕不是開公司的全部原因。如果你只是夢想獲得二十萬美元的薪水，那麼，你就待在E或者S象限好了。用這樣一小筆錢投在B和I象限，風險非常大。如果你決定建立企業，就不要僅僅為二十萬美元，這樣風險太大而回報卻很低。要做就要有更高的目標，要為上百萬甚至於上億美元而奮鬥，否則乾脆別做。但是，當你決定要為創建企業而努力追求時，你就必須要具備創業精神。」

富爸爸還說：「沒有一貧如洗的成功企業家，你可以是一位成功但窘迫的醫生或會計師，而事業有成、生活拮据的企業家是不存在的。一般來說，成功的企業家絕對富有。」

前車之鑑

許多人問我：「有多少錢才算富有？」、「多少錢才算夠？」有這類問題的人，一定從來沒有建立過能賺很多錢的成功企業。我也曾注意到，有這類問題的人通常來自E象限和S象限。而象限左側和象限右側的人之間，實際上存在著相當大的差別。

在象限左側的人，一般只有一張財務報表，因他們的收入來源很單一，只有一份工作。在象限右側的人則有很多財務報表，他們的收入來源多樣。

我和我妻子分別是幾家公司的雇員，同時我們也擁有這些公司的股份。所以，我們不僅擁有各自的財務報表，而且持有我們公司的財務報表。由於公司的經營成功，為我們帶來更多的現金流，所以我們不必完全依賴做為雇員的收入。在左象限的許多人沒有體會過錢愈來愈多、工作量卻愈來愈少的感覺。

金錢固然很重要，但它不是建立企業的主要動機。如果你用另一種方式問同樣的問題，必然能得到最好的答案。你問的這個問題就類似問一個高爾夫球員，「你為什麼堅持打高爾夫？」他會回答你，「你會在體育競賽的精神中找到答案。」

儘管，我遭遇許多坎坷與不幸，但是挑戰精神始終激勵著我去建立企業，現在，我的一些朋友以高價賣掉公司。但許多人休息了幾個月之後，又回到了這個遊戲當中。正是因為嚮往最後能獲得高額回報的激情、挑戰精神和無窮的潛力使企業家們不斷進取。在我創辦「維可牢」錢包公司之前，富爸爸要我確信我在為創業精神而努力。

在建立成功的B象限企業時，創業精神是最有價值的資產。當今世界上，許多卓越的企業家的創業精神仍然駐留在人們的心間。

第三部分

如何打造強健的企業？

第三十章　為什麼要建立企業？

富爸爸說：「有三個原因，可以解釋開公司不僅僅是為了創造資產。」

1、「為你提供充足的現金流。」J．保羅．格蒂（J. Paul Getty）在他的《如何致富》（*How to Be Rich*）一書中說，「首先你必須是在為你自己經營。」他認為如果你為別人工作，你就永遠富不了。

富爸爸之所以建立許多企業，是因為他從他的其它企業中，獲得額外的現金流。他有充裕的時間，因公司花不了他太多的精力。於是，他的空餘時間和額外的錢就能繼續投資在愈來愈多的免稅資產上。這就是他迅速變富，並強調「關注你自己的事業」的原因。

2、「賣掉它。」富爸爸解釋做為雇員的問題，那就是不管你工作有多努力，都不可能出售你的這份工作。在S象限，建立企業存在的問題是買方市場不興旺。例如，一位牙科醫生開了個診所，一般來講，診所的購買者只會是另一個牙醫。對富爸爸而言，那是一個非常有限的市場。他說：「有價值的商品應該是，除了你之外，必須還有許多人想要得到它。問題是S象限的企業，你可能是唯一需要的人。」

富爸爸說：「所謂資產是能夠往你的口袋裝錢的東西，即能夠以比你投資或購買時更高的價格，自由地賣給他人的東西。如果你建立成功的企業，通常你就會有很多的錢。如果你學會創立成功的企業，那麼你將具有一般人所沒有的能力。」

一九七五年，我正在學習推銷全錄影印機，偶然的機會我結識一個年輕人，他在檀香山擁有四家快速複印店。他經營複印文件的生意主因，是他上學期間在大學裡的複印社打工，學了一些影印機操作方面的知識。

畢業後，他沒有找到合適的工作，於是他在檀香山市中心開了一家複印店，幹起他的老本行。很快地，他在市中心四個較大的辦公樓區分別建立起複印中心，並且都是長期租約。

後來，有一家更大的複印連鎖店的生意要擴展到這個城市，並打算出高價購買他的複印店。他接受七十五萬美元的出價，在當時這是一個天文數字，然後，他買一艘遊艇，將其餘的五十萬美金交給專職基金經紀人，他就環遊世界去了。一年半後，他回來時，經紀人已將他的資產增至九十萬美元，於是他再次出航，返回南太平洋的小島上過著逍遙自在的生活。

當時，我只不過是那個賣給他影印機的小職員，得到的是少得可憐的酬金。他卻是建立了企業又出售了企業、環遊世界的大人物。我最後一次看到他是在一九七八年，但是我聽說，他有時會回來檢查他的財務報表，然後又出航。

正如富爸爸所說：「做為企業主，你不必在51％的時間中全部正確，你只需要正確一次就行了。」他還說：「對大多數人而言，創辦企業是最冒風險的求生之路。但如果你能生存下去並不斷提高技能，那麼，你獲得財富的潛力將是無限的。」在E象限和S象限中，雖然你可以避免冒險並遊刃有餘地操縱本職業務，但你的收入卻是有限的。

3、「建立企業並將其上市。」這是富爸爸成為終極投資者的關鍵。建立企業並使其上市的理念使得比爾・蓋茲、亨利・福特、華倫・巴菲特、泰德・透納（Ted Turner）和安妮塔・羅迪克（Anita Roddick）變得非常富有。他們出售股份，而我們購買股份。他們是內部投資者，而我們只是局外人。

創建企業與年齡無關

如果有人告訴你「你已經太老了或你還太年輕，不可能建立起別人想買的企業」，那你就應該用充滿自信的思想激勵自己：眾所周知，比爾・蓋茲年輕有為，創建了微軟；而桑德斯上校六十六歲才開創肯德基。

在接下來的幾章裡，我會講述富爸爸的「B－I三角形」，我用這個三角形的理念指導建立自己的企業，它勾畫出創建企業所需要的主要專業技巧。

富爸爸認為傑出的企業家需要具備以下的個性特徵：

・遠見：見別人所不能見的能力。
・果敢：面對懷疑的目光仍能大膽行動的能力。
・創意：思想超前，有創新意識。
・禁得起批評的能力：成功人士都曾遭到過批評。
・永不滿足：做到戒驕戒躁非常困難，但是它對於我們獲得更大的長期回報非常有利。

第三十一章　致富訣竅B－I三角形

富爸爸稱下面的圖表為B－I三角—致富的訣竅。

「B－I三角形」對富爸爸來說非常重要，因為它使他的想法形象化。正如他常說的：「有美妙想法的人很多，但只有少數人由此擁有了鉅額財富。B－I三角能使普通的想法變成鉅額財富，它能引導你接受新思想，創造更多的資產。」「B－I三角形」代表著能使你在現金流象限的B象限、I象限獲得成功的知識。經過數年之後，我只對它做了小小的修正。

當我第一次看到這個圖時，我大約才十六歲。當我向富爸爸提出以下一些問題時，他為我畫了這張圖。

1、「對其他人來說，管理一個企業都很困難，你怎麼能經營這麼多的企業？」

2、「為什麼你的公司能夠不斷增長發展，而別人的公司卻總是處於很小的規模？」

3、「為什麼別的老闆不停地工作，你卻有空閒時間？」

4、「為什麼許多公司開張沒多久就倒閉了？」

我不止一次問他這些問題的，每當我研究他的公司時，這些問題就在我的腦海中。當時富爸爸已經四十多歲，我對他能夠在不同的領域控制幾個不同類型的公司感到吃驚。例如，他同時經營餐館、速食店、連鎖便利店、運輸公司、房地產建築公司和財產管理公司。我知道，他按計畫讓他的公司購買他真正想買的投資，也就是不動產。但令我吃驚的是，他能夠同時管理許多家企業。當我問他是如何開始、擁有並經營如此多的企業時，他的回答便是這張B－I三角圖。

現在，在業務完全不同的幾家公司中，我都擁有股份，因為我以「B－I三角形」做為操作指南。我擁有的公司沒有富爸爸的多，但是透過仿效「B－I三角形」中相同的方案，我還能夠擁有更多的公司，如果我想要的話。

解讀「B－I三角形」

顯而易見，「B－I三角形」裡面的資訊含量遠遠超過了本書所涉及的內容，關於「B－I三角形」能寫和需要寫的內容實在太多。但是，這裡我們會先描述「B－I三角形」的基本要素。

企業的使命

富爸爸說：「一個企業需要企業精神和企業使命，只有這樣，企業才會成功。尤其是在起步時企業特別需要使命感。」當他向邁克和我解釋這個圖時，他總是先談到使命，因在他眼中，使命是三角形中最重要的方面，並且處於基礎地位。「如果使命清晰、強而有力，那麼企業就能禁受起每個企業在頭十年所要經歷的考驗。當企業逐漸變大忘記它的使命時，或者不再具有使命時，企業就會開始滅亡。」

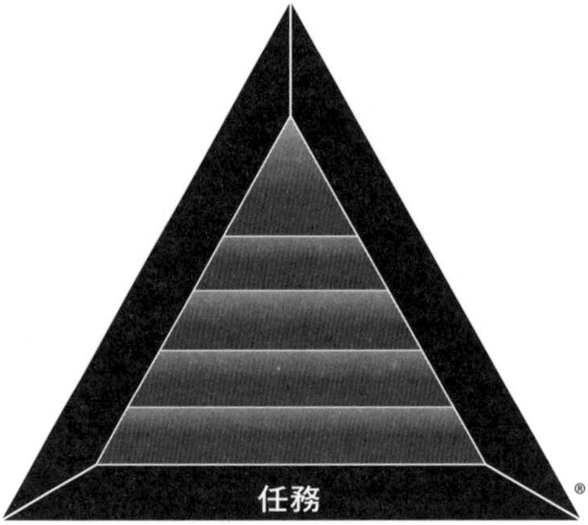

富爸爸非常看重「企業精神」和「企業使命」這兩句話。他說：「許多人建立企業僅僅

是為了賺錢，賺錢不構成強烈的使命。僅僅為了金錢是不能有足夠的熱情、幹勁或期望的。企業的使命應該滿足消費者的需求。如果能很好地滿足這種需求，企業便開始賺錢了。」

當談及精神追求時，富爸爸說：「在企業管理方面，亨利．福特總是把精神追求放在第一位，把企業使命放在第二位。他想使汽車成為大眾的消費品，而不僅僅是富人的『專利』。因此，他的使命是『使汽車大眾化』。」富爸爸繼續說，「當精神追求和企業使命緊緊相連時，這種動力就會創造出大型的企業。」

富爸爸的精神追求和企業使命緊緊相連，他的精神追求是為那些常光顧他餐館的窮人提供工作機會。儘管，洞察和衡量企業使命非常難，但富爸爸認為企業的使命是非常重要的。他說：「如果沒有強烈的使命感，企業不可能在第一個五至十年中生存下去。」他還說，「當企業處於初級階段時，使命感和企業家精神對企業的生存相當重要。在企業家去世之後，這種精神和使命還應該保留並發揚光大，不然企業也會隨之倒閉。」富爸爸總是說，「企業的使命是企業家精神的反映。愛迪生憑藉自己的聰明才智創建了通用電氣公司。透過不斷發明新產品、弘揚偉大發明家的精神，同時公司也獲得成長和壯大。而福特汽車公司，也因保留了福特的精神，才使福特汽車公司得以生存下去。」

如今，我深信比爾．蓋茲的精神，將繼續激勵微軟在世界軟體業中占據統治地位。與之相反的是，當史帝夫．賈伯斯（Steve Jobs）被排擠出蘋果公司，一個來自傳統公司的管理層取代了他時，導致公司很快走向下坡路。而當賈伯斯一回到蘋果公司，整個公司的精神重新振奮了，新產品問世了，利潤增加了，股票價格也回升了。

儘管，企業使命感很難衡量，看不見也摸不著，但我們大多數人都已經體驗過。我們能識別兩種人經營企業的不同使命，一種人是靠賣東西給我們並以此得到報酬，而另一種人是為了盡力滿足我們的需要。如今，世界上充斥著各種商品，一個企業想要生存並在財務上獲得利潤，不僅關注如何提高公司的收入，還要在完成公司使命和滿足顧客的需要下工夫。

我和金創辦的富爸爸公司不僅為你介紹這本書，而且帶來其它的財經教育產品。我們的使命是「提高人類的財務健康狀況」。因我們明白並忠實於這個公司的企業精神和使命目標，所以我們盡情享受超越幸運的成功。由於明確我們的使命，我們吸引具有相同使命的個人和團隊，加入到我們的行列來協同工作。許多人認為這就是幸運，我卻認為這是因我們忠實我們使命的結果。經過多年之後，在實踐中，我愈來愈信服富爸爸的話，他早意識到企業精神和企業使命，兩者強有力結合的重要性。

其實，並非我所有的企業都如同富爸爸公司一樣，擁有強烈而持久的使命。在我擁有股票的其它一些公司中，企業使命強於企業精神。

現在，我意識我的維可牢錢包公司的使命，與當初我的想法有很大的出入。建立那個公司的使命，是使我得到關於建立世界級公司的快速訓練。那個公司相當艱難地完成使命。換句話說，我得到了我想要的。企業發展快了，成功的腳步近了，但各種衝擊也紛紛隨之而來。經過艱苦的體驗，我意識到自己已經完成使命。我從破碎的瓦礫中獲得了新生，重新建立了企業，我學到了我要學的東西。

富爸爸說：「許多企業家都會失去他們的第一個企業，但他們正因此而成為真正的企業家。」換句話說，失去和重新建立企業的過程，使每一個經歷過的人學到很多東西。我從成功中學到的東西，遠不及我從失敗中學到的多。正如富爸爸所說：「學校固然重要，但是生活是一位更好的老師。」因此，在我離開海軍陸戰隊之後，我的第一個大的商業冒險是昂貴和痛苦的，但我得到的經驗和教訓卻是無價的，同時那個企業也由此而完成了它的使命。

企業家的精神

公司的使命會幫助公司維持經營的焦點。在公司發展的早期階段，許多因素都能導致公司混亂。這時，回到軌道上來的最好方法是重新審視你的使命。是不是什麼事情讓你分心從而影響了你完成使命？如果真是這樣，你必須盡快地處理令你分心的事，才能讓你能將你的精力集中在整個使命上。

如今，我注意到，很多人變成了暴發戶，百萬富翁甚至億萬富翁，他們的辦法是透過首次公開發行股票從而使公司上市。我很想知道，他們公司的使命是否僅僅是為了老闆和投資者賺錢？或者公司是否是真正為了完成使命或某種服務而組建起來的？我擔心那些新上市的公司最後會倒閉，因為他們唯一的使命是盡快賺錢。而公司的使命應是企業家精神的所在。

團隊合作

富爸爸總是說：「商業活動是一個團隊合作活動。投資也是一個團隊合作活動。」他還說，「在E象限和S象限玩金錢遊戲，是一個人去對付一個團體。」

富爸爸畫了一張現金流象限圖來闡釋他的觀點：

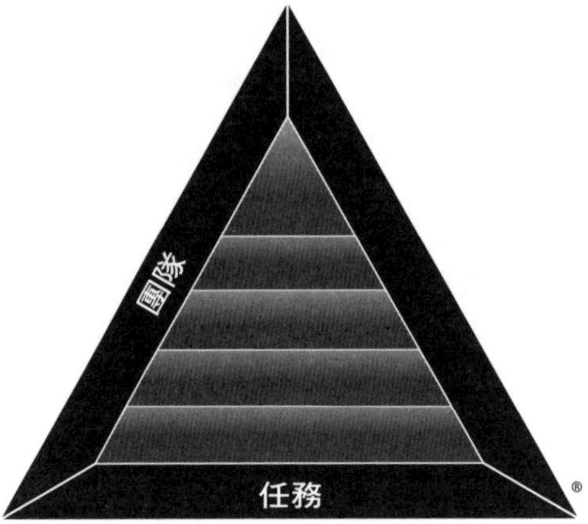

富爸爸強烈批評了現存的教育體制。他認為，「在學校裡，老師們過分強調訓練學生靠自己的能力參加考試，而忽視了對團隊合作精神的培養，如果學生在考試時企圖合作，這會被稱作是『作弊』。」富爸爸說，「而在現實的商業領域中，企業主們在考試時需要合作，懂得並且善於合作的人才能合格，而且在商業領域裡，每一天都在考試。」

團隊合作的重要性

對於那些正考慮建立強大成功企業的人來說，我認為學習團隊合作是非常重要的。我在財務方面取得成功的關鍵之一，就是團隊合作。投資和從事企業經營都是一種講求團隊合作的活動，並且要牢記商場上每一天都在「考試」。在學校想當優秀生，你就應當獨立完成考試。而在商場上，成功源於對一個團體的考驗，而不是單靠某一個人的力量。

在E象限和S象限的人們，賺的錢常常少於他們能夠賺到的或想要賺的錢，因為他們總是只依靠自己的力量做工作。如果他們一起工作，尤其是E象限的人們，他們可以組成工會。現在，美國的內科醫生開始團結起來，形成一個團體，他們組成一個專業工會，以便與健康保障組織抗衡。

如今，許多投資者設法單獨投資。我從資料上讀過有關成千上萬的人在網際網路上做一日交易的報導。這是個人與有組織的團隊較量的例子。這也可以解釋為什麼他們當中很少人成功，和大多數人為什麼會損失金錢。當我投資時，富爸爸告訴我，應該做為一個小組的成員去投資。富爸爸說：「如果人們想成為精明或更老練的投資者，他們必須集體投資。」富爸爸的小組成員有很多的會計師、律師、證券經紀人、財務顧問、保險經紀人和銀行家。我在這裡用了複數，這是因為他總是有不止一位顧問。當他做出決策後，就會很快傳到小組的每個成員，並取得大多數人的共識。現在，我做著與他同樣的事。

不是一艘大船……而是一個強大的團體

在時下的電視節目中，我看到過這樣的一則廣告：一對富有的夫妻，悠閒地乘著遊艇在熱帶水域上暢遊。這則廣告似乎吸引那些想靠個人力量變富的所有個體。無論何時我看到那則廣告，我就想起富爸爸對我說的話：「大多數做小業務的人，都會夢想有一天擁有一艘船或一架飛機。正因為有這種想法，他們從未實現夢想。當我著手開創事業時，我只是夢想著有一天擁有自己的會計師和工作團隊，而不是一艘船。」

在我夢想得到船之前，富爸爸要我把目標放在如何去擁有為我服務的會計師和律師團隊。為了更清楚地闡釋他的觀點，他要我帶著我的所得稅申報表，去一個小鎮找一個會計師。當我坐在職業會計師羅恩的對面時，我首先注意到了他的辦公桌上放著的厚厚一疊呂宋紙文件。我立即明白了富爸爸的教誨，這個職業會計師在一天中需要處理三十筆業務，他怎麼能全神貫注處理我的業務呢？

當天下午，我回到富爸爸的辦公室，看到以前從未留意的事。當我坐在接待室，等待富爸爸的私人祕書叫我進去時，看到一群人正在為富爸爸的公司努力工作。在他的辦公區裡有一群記帳員，大約有十四個人，除此之外，還有五個全職的會計師，外加一個財務總監。在他的主辦公室裡，還有兩名全職律師。當我坐在富爸爸面前時，我所說的是，「他們是真正關心你公司業務的人，別人是無法做到的。」

富爸爸點點頭，「因為我說過，多數人努力工作並夢想有朝一日能夠坐在他們自己的船上去雲遊四海。但是，我首先夢想擁有全職的會計師和律師團隊為我服務，所以，我現在擁有了大船和空閒時間。擁有自己的會計師和律師是應優先考慮的事。」

如何支付得起這麼一個龐大的團體？

在我的研習班上中，也時常有人問我：「你怎樣付錢給這個團隊？」這樣的問題通常是在E象限和S象限的人提出來的。這種不同，應追溯到在不同的象限有不同的法律和規則。

例如，E象限的人支付專業服務費時，這種交易看起來很像如下的示意圖：

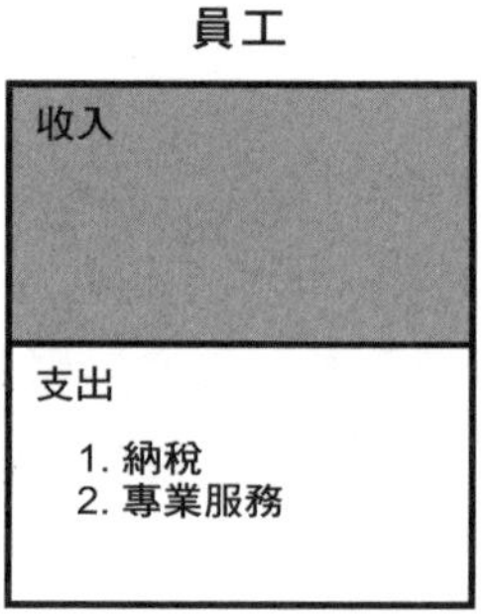

企業主是先把被扣稅之前的收入拿部分去支付商業費用，支付後，政府才對剩餘的收入扣稅，換句話說，相對而言，企業主有比較多錢去維繫團隊的營運，而必須被政府扣稅的金

額比較低。這種交易看起來如下：

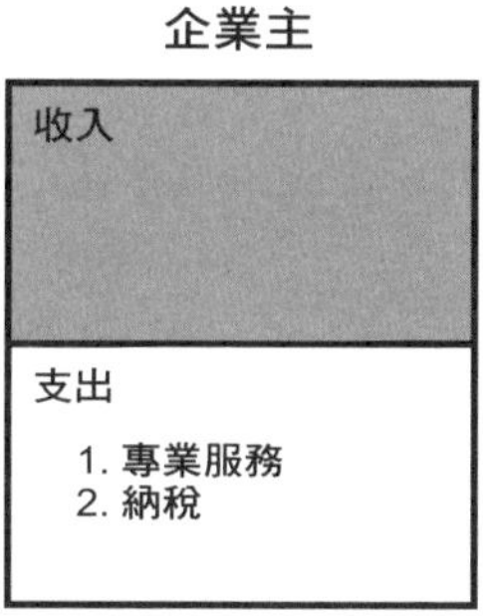

在B象限和S象限的企業主之間同樣存在著差異。B象限的企業主會毫不猶豫地支付這些服務費，因為事實上是由公司業務體系支付的整個「B－I三角形」正在支付服務費。而S象限的企業主是用他們自己的血汗錢支付服務費，因此常常是他雇傭不起全職工作人員，所以他們賺的錢無法滿足自己的財務需要。

最好的教育

當有人問我以下問題時，我的答案是相同的。例如：

・「關於投資和經營企業，你怎麼懂得如此之多？」

・「你是怎樣做到以較少風險換取高額利潤的？」

- 「是什麼使你信心百倍地投資別人認為是有風險的專案？」
- 「你怎樣找到最好的交易？」

我的回答是「靠我的團隊」，我的團隊成員包括會計師、律師、銀行家、經紀人等。

當人們說「建立企業就是冒險」時，他們的這種見解，源於獨自做事的觀點和他們在學校養成的習慣。依我之見，不建立公司的風險和代價更大。沒有建立公司，你就得不到現實世界中的寶貴經驗，得不到世界上最好的教育，這種教育來自你的智囊團。正如富爸爸所說：「想靠自己安全地經營企業的人，錯過了世界上最好的教育，同時也浪費了寶貴的時間。」他還會說，「時間是最有價值的資產，尤其是當你漸漸變老時，你會領悟到這一點。」

托爾斯泰的格言是，「年老是我們最不希望的。」

四面體和團隊

常有人這樣問我：「B象限的和S象限的公司有什麼不同嗎？」我的回答是：「不同點在於團隊合作。」

多數S象限的公司，是建立在獨資所有關係或合夥關係之上。他們可能有團隊合作，但不是我認為的那種團隊合作。正如E象限的人常常聯合起來成立工會，而S象限的人組織建立合夥關係。我所說的合作是具有不同技能、不同類型的人聯合起來一起工作。在工會和合夥關係中（如教師工會或律師合夥人關係），是同一種類型的人和專業人士常常碰頭討論問題。

R·巴克敏斯特·富勒博士（Dr. R. Buckminster Fuller）是我最好的老師之一。幾年前，富勒博士便開始尋找他所謂的「宇宙構造體」。在他的調查中，他發現在自然界中根本不存在正方體和立方體。他說：「四面體是大自然的基本構造體。」

當我看到埃及的金字塔時，我對富勒博士所談到的「宇宙構造體」有了更多的理解。當今的許多摩天大樓出現又消失時，而那些金字塔在經歷了數十個世紀的風吹雨打後，仍然屹立不動。局部放置少量的炸藥爆炸，就可能導致摩天大樓倒塌，而同樣的爆炸根本動搖不了金字塔。

富勒博士正在尋找宇宙中的穩定結構，最後，他在四邊形中找到了答案。

不同的模型

下面的圖形解釋不同的企業結構：

1. 這是獨資所有關係：
2. 這是合夥關係：
3. 這是B象限企業：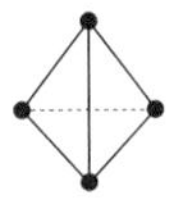

英文「四面體」（tetrahedrons）中的字首「tetra」代表「四」，換句話說，它有四個端點。與富勒博士一起研究之後，我開始明白它在一個結構中的重要性。例如，你看到的現金流象限就有四個部分。

所以，一個穩固的企業結構應如下面這幅圖所示：

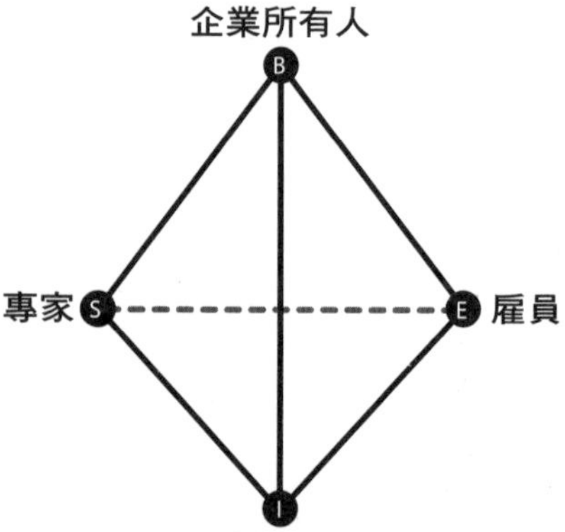

一個管理出色的企業會有許多優秀的雇員。在這個方面，我認為E代表了「優秀」（excellent）和「基礎」（essential），因為雇員肩負著日常業務活動。同時，E又代表著「擴展」（extension），因為雇員是企業的延伸，在客戶面前，他們代表著企業。

專家主要來自S象限。S代表「專業」（specialized），因為每個專家都可以在他的專業領域利用他的專業知識來指導你。雖然，專家們不參與日常工作，但他們的指導對於你的企業朝著正確的方向前進非常重要。

如果四點聯合起來工作，企業結構就會像四面體那樣穩固持久。投資者提供資金，企業主與專家、雇員一起努力，拓展業務，發展公司，那麼投資者的原始投資將會得到好的回報。

我遇到的另一個有趣的四角關係是四種基本元素，它們構成我們賴以生存的世界。古代人認為這四種元素是土、空氣、火、雨（水）。我認為小到一個公司中仍然可以適用這四種元素的道理，當然，僅僅依靠個體要想在獨資公司和合夥公司中獲得成功，個體必須身兼四職，這顯然是非常困難的。

我們大多數人都有四種元素的特徵，但是只有某一種元素在我們體內占絕對優勢。例如，我是火、是牡羊座和火星。我很容易在工作中能善始卻不能善終。我妻子金則是土。我和我的妻子有美滿的婚姻，因她不僅對我有根深柢固的影響，而且影響我周圍的人，儘管，我時常會使我身邊的人感到不快。她常常說：「與你說話就像對著一個火把交談。」沒有她，我只會生氣，並使公司裡的人感到心煩意亂，而且一事無成。人們來來去去，直到相同的使命把我們四個人定位在同一個公司裡面。一旦這種模式固定下來之後，公司的發展便初見端倪，並快速穩定地增長。

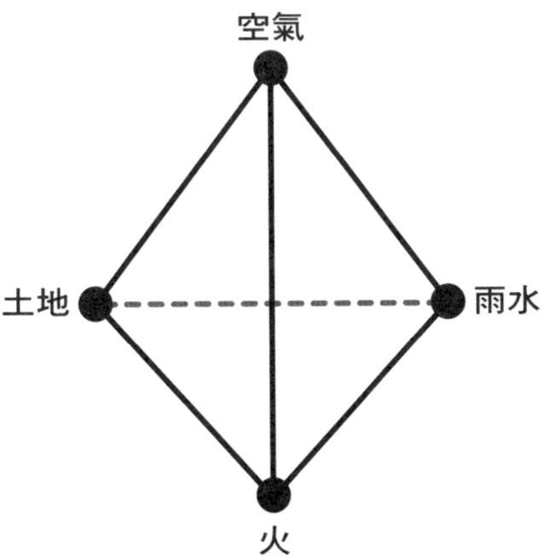

我認為，對於成功的企業來說，這不是個固定不變的規則。然而，我們需要做的是時常看一看埃及金字塔，此時此刻，力量、穩固和長久的感覺，以及成功的靈感，便會在我們的心中油然而生。

我經常開玩笑地說，如果你把兩種物質融合在一起，你會得到某種奇妙的現象。例如：

・空氣＋水＝水霧
・空氣＋土＝塵埃
・水＋土＝泥
・土＋火＝熔岩或者灰燼
・火＋水＝蒸氣
・火＋空氣＝火焰

團隊由不同水平層次組成

做為投資者，我關注的第一件事是企業背後的工作團隊。如果這個團隊搖搖欲墜，或者缺乏經驗和成功的紀錄，我是不會投資的。我結交過許多人，他們總是為新產品和新業務盡力地籌資。在他們當中，多數個人缺乏經驗，而且在他們身後沒有堅強的後盾——工作團隊——支援他們，激發他們的自信。

許多人想要我投資他們公司的商業計畫。他們都說：「一旦公司業務蒸蒸日上，我們就會使公司上市，而身為投資者的你將獲得巨大的利潤……」這樣的說法總是引起我的極大興趣，因此，向他們提出你們也應該提出的問題，「在你的團隊中，誰有過包裝公司上市的經歷？那個人曾使多少家公司上市了？」如果答案很含糊，我就明白我正在聽推銷員說話，而不是在聽一個真正的商業計畫。

在大量的商業計畫中，我關注的另一個數字是工資。如果員工薪水很高，我就會意識到，我正看到一群為了使自己得到豐厚薪水而籌資的人。我問他們是否願意無償工作或工資減半，如果他們的回答含糊或斬釘截鐵的「不」，我就明白他們的企業使命。這種企業使命很可能只是為他們提供一份報酬豐厚的工作而已。

投資者投資於管理。在投資目標的企業當中，他們關注工作團隊的情況，並希望看到他們的經驗、熱情和責任。我很難相信只為了賺錢、只關心自己薪水的人，會有高度的責任感。

從遊戲中學習合作

遊戲的重要性非同小可，因為遊戲可以鼓勵合作學習。在現實世界中，能夠與盡可能多的人合作和樂於助人，使大家共同發展，是非常重要的人類生存技巧。

遊戲鼓勵人們合作學習、相互交流。因為我們教得愈多，我們自己也會學得愈多。現在，我們的孩子常常是在與其他小朋友隔離的狀態下，度過了他們的童年生活，他們沉迷於一個人玩電腦、看電視和單獨考試。因此我們每一個人都應該反思，為什麼這麼多的孩子變得自私和不善於交往。要想獲得成功，我們就需要學會與不同類型的人相處。「現金流」就是需要人們合作才能完成的遊戲。我們必須學會同個人和群體合作，而且我們要不斷提高我們的交際能力和技巧。

有卓越管理，才有卓越財富

我常常提到在商業領域裡「金錢追隨管理」的觀念，要想成功，企業必須在關鍵部門有好的專家。

當你沒有足夠的錢雇用你需要的人才時，你可以考慮吸引人才做為顧問團的成員，並且要明白，一旦籌集到足夠的資金，你的工作組就要馬上運行了。如果你的管理小組成員在給你建議的商業或工業領域內有成功的紀錄，那麼你成功的機會會更大。

你的工作組還應該包括你公司周邊的顧問。會計師、稅收顧問、財務顧問和法律顧問的正確指導，對你建立一個強大的成功企業非常必要。如果你的公司業務是房地產，你的不動產經紀人在你的工作組中就扮演了非常重要的角色。儘管這些顧問非常「昂貴」，但是他們的建議會為你的投資帶來難以置信的回報，在前進的道路上指導你避免那些容易犯的錯誤，並且幫助你建立強大的公司。

領導者

「B－I三角形」的另一部分是：領導者，因為每一個團隊都需要一個領導。

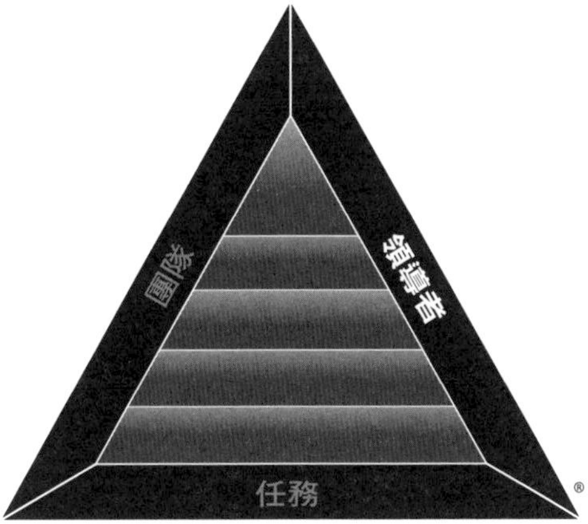

我之所以不讀一般的大學而去讀聯邦軍事學院，是因為富爸爸認為如果我想成為企業家，就需要培養我的領導才能。畢業後，我加入了美國海軍陸戰隊，成為了一名飛行員，這是在現實世界中對我的實際技能的考驗，而我是在越南接受這一考驗的。

我仍然記得空軍中隊指揮官的一句話，「先生們，你們最重要的工作就是使你的部隊為了你、為了你的隊伍、為了你的國家甘願付出生命。」他繼續說，「如果你不鼓勵他們那樣做，他們很可能反過來殺掉你。軍隊不會服從沒有領導能力的長官。」同樣的情形每一天都發生在我們今天的商業領域裡。多數企業是從內部開始失敗的而不是從外部。

在越南，我學到了一個領導者最重要的素質之一——信任。一架直升飛機有四個飛行員，我必須對我的隊員們有信心，而且他們也不得不信賴我。如果信任破裂，我知道我們不可能活著回來。富爸爸說：「一個領導的職責是使最好的人脫穎而出，而不是自己成為最棒的人。」他還說，「如果在你的業務中，你是團隊中最優秀的人，那麼，你的公司就有麻煩了。」

當人們問我如何獲得領導技巧時，我總是說同樣的話：「志願當領袖的人會得到更多的領導技巧。」在多數的組織中，很難找到願意當領導的人。大多數人隱藏在某個角落，希望沒有人發現他們。我告訴他們：「在教堂，志願者是去做工作。在工作中，志願者是去領導工作。」當然，志願不會讓你成為一個好領導，但是如果你能接受反饋並且很好地改正你自己的行為，你可以成長為好的領導。

藉由志願當領導，你可以得到關於你的實際領導能力的回饋。如果你志願領導，但是沒有人服從，你就需要不斷學習生活經驗，並不停地修正自己。除此之外，你還需要獲得回饋意見，求得他人的支援。這樣的行為是一個領導最突出的特徵。我看到許多公司在失敗中掙扎，因為他們的領導沒有接受來自公司裡的各級經理或員工們的回饋資訊。我的空軍中隊指揮官，在海軍陸戰隊中對我們說：「真正的領導不是天生的，真正的領導是想當領導並且樂意接受訓練的人，而這種訓練就是盡可能多地接受別人的意見並不斷進行修正。」

一個真正的領導還要知道什麼時候應該聽別人的話。我說過，以前我只是個普通人，不是成功的商人和投資者。我依靠我的顧問和工作小組中的成員，是他們幫助我成為了一個好的領導。

遠見者、啦啦隊長、老闆

一個領導者的角色是有遠見的人、啦啦隊隊長和老闆的綜合體。

做為一個有遠見的人，領導者必須集中注意力完成公司的使命。做為啦啦隊隊長，他必須激勵團隊團結一致，朝著使命努力工作，並且在前進的道路上為大家展示成功。做為老闆，當遇到使工作組分心、並遠離使命的難題時，他必須能夠做出強硬的號召。當需要堅持你的最終使命時，真正領導者的超群能力是採取斷然的行動。

有了正確的使命、團隊和領導，你就可以順利地建立起強大的B象限公司。正如我之前所說，金錢追隨管理。由於這點，你能夠從外面的投資者那裡吸引資金建立公司。五種因素對發展強大的公司都非常必要，後面我們將一一討論這五種重要因素。

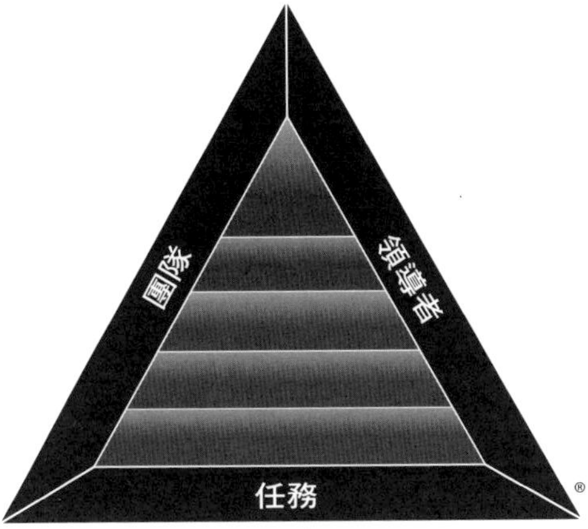

第三十二章　現金流管理

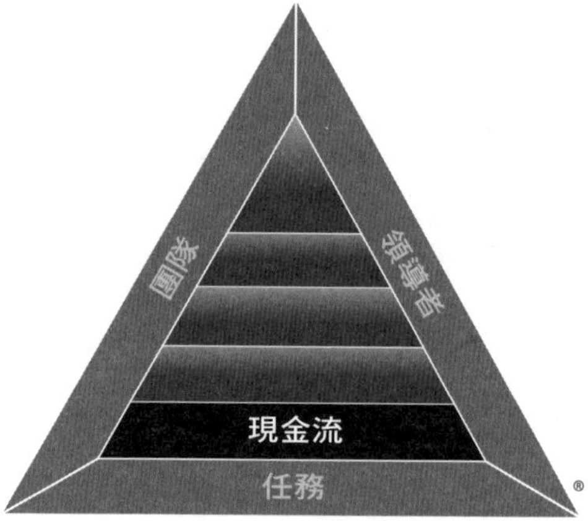

富爸爸說：「對於想在B象限和I象限成功的人，對現金流的管理能力是必備的，也是基本的投資前提。」這也正是富爸爸堅持要我和邁克經常閱讀其他公司的財務報表，以求更

好地理解「現金流管理」這一概念的原因。事實上，富爸爸花了大量的精力來教導我們不斷學習「財務知識」。他總是說：「財務知識讓我們學會閱讀資料，並從這些資料中看到一個企業最真實的狀況。」

如果你接觸到一些銀行家、會計師、貸款官員，他們會告訴你，其實有很多人是因缺乏財務知識，所以財務狀況不好。我有一個朋友是資深會計師，他就曾告訴過我：「當看到一個優秀的企業因其管理者的財務知識匱乏而垮掉時，你會感到非常遺憾和心痛！」他還提到，「一些小企業之所以失敗，是因為他們混淆了利潤與現金流的概念。甚至有一些企業主錯誤地認為利潤與現金流是等同的，以至於造成營利的企業走向破產！」

富爸爸向我灌輸許多關於管理現金流的重要知識。他說：「企業主想要成功，就要掌握兩種現金流的管理方法。一種是顯形現金流，一種則是隱形現金流。對這兩種現金流的認識，決定你是富有，還是貧窮。」

在「現金流」遊戲中我們可以學到：怎樣區分顯形現金流和隱形現金流。反覆進行這一遊戲，可以使我們進一步找到兩種現金流的區別。這也正是在這個遊戲的說明中所說的，「你對這個遊戲參與得愈多你將愈是富有。」這個遊戲能讓我們提升財務智商，進而改善財務狀況，正是因為它讓我們對隱形現金流有了初步的認識。

富爸爸也說過：「根據財務報表來運作你的公司，是大企業家和小企業主之間最主要的區別。」

現金流小訣竅

一個企業的現金流就好比是一個人身體內的血液。沒有任何一件事情比得上你在週五時付不清雇員工資更令人尷尬的了。真正良好的現金流管理系統，應該從企業開辦的第一天起就開始運作。譬如金和我在創辦公司之初就有相當的默契，我們都認為一項支出一定要在銷售增長上得到體現，否則就否定這項支出。事實上，我們成功地運用了這一策略。在一九九八年初，我們便欣喜地看到，我們的預定銷售額已經達到，所以我們購買了一台價值三百美元的影印機。到一九九八年底時，我們則已經有足夠的資金來購置一台新的價值三千美元的影印機了！所以不難看出，良好的現金流管理策略，對於一個企業來說，它不僅僅是不可忽視的細節，還是事關一個企業未來命運的先決條件。

一個好的現金流管理者，會適時地回顧他每日的現金流向。同時，他還會不斷地觀察現金來源，並展望未來的一週、一月、一季度的資金走向。因為，只有這樣做，才能有效地避免由於資金大量短缺、周轉不靈而帶來的危機。對於一個快速發展的企業而言，這更是制勝的關鍵一招。

下面，我就為大家例舉一些現金流的管理方法。這些小步驟對每一個企業都適用，不管是跨國企業，還是一個小的租賃公司，或是一個路邊熱狗攤，都能從中獲益。

公司初始階段

·有些時候，由於公司處於發展的初始階段，你可以延遲領薪，直到你的企業擁有了可運作的現金流。這似乎不太可能。但是，你的投資者會因為你的「全心投入」，而更加支援你、信任你。

·事實上，我們建議你全心做好你的工作，而在業餘時間開展自己的業務。由於你延遲領取自己的報酬，你可以把它做為對銷售的再投資，並使它增值，從而使你的業務快速增長。

銷售及應收帳款

·及時為你的客戶開具貨物運輸或服務的發票，方便對方付款。

·在你自己的貸款信譽建立起來前，盡可能提前還款，在申請新的貸款前準備好完善的貸款申請書，並隨時核對證明材料。標準的信貸量，是建立在企業存貨量的基礎之上。

·在得到貸款前，盡可能地將進貨款項壓到最低點。

·建立一個因延期還貸並被處罰金的假定，並對這個假定特別留意，以做好最壞情況出現時的打算。

·當公司得到發展後，盡可能地加快現金的周轉，請你的客戶及時將欠款付到你的銀行。

費用及應付帳款

・許多企業在經營中，總是忽略了現金流管理中的首要任務，是管理好你的支票，以確保你能及時地兌現你的支票。你還要學會怎樣請求別人延長你付清帳單的期限。譬如你能在兩或三個月之內付清帳單，但最好是能爭取讓對方給你比這更長的時間。一般來說，供應商會給你三十至九十天的延期。

・將日常費用維持在最低水平。當你購買一樣商品時，制定一個增加銷售的目標，來填補這項費用。保證你的每一份投資資金，都能與你的事業息息相關。當你的銷售增加了後，便可以利用現金流來購買一些你曾夢想的東西。當然，你不要忘了，前提是你已經達到了一定的銷售量。

一般現金流管理

・事先做好一份完善的現金投資企畫，以此來增大你的盈利可能性。

・在你需要向銀行借貸之前，首先要與其建立良好的互信關係。

・確保當你急需資金時，你能迅速地籌借到手。並且，你還應隨時留意自己的現金流動比率（流動資產與流動負債之比——最少是二：一）；還應留意速動比率（固定資產與流動負債的比率——要大於一：一）。

・建立內部現金流管理制度。

一個在銀行存款帳戶上有現金收入的人，與把現金收入計入應收款或總帳的人，是不同的。

支票應立即背書並註明「僅供抵押」。

一個被授權簽支票的人不要使用備用金券、付款憑條付帳或將帳轉入應付款、總帳等帳目中。

對銀行報表熟悉的人，不必定期擔保他的現金收入和支出。（我們的對外會計師就是做這些工作的。）

以上的這些聽起來都相當複雜，但每一個步驟都是相當重要的。要多請教你的會計師、銀行代理及私人投資顧問，幫助你修繕你的經營體系。即使你的現金流管理體系已經確立，持續的監管仍是必不可少的。每天回顧你的現金流，並提前考慮你可能要為企業發展而支付的更多資金。有很多人一旦事業成功之後，就忽視了對現金流的管理，這極易導致他們事業的失敗。恰當的現金流管理（及費用管理），對許多企業來說都是關鍵的一環。

當你考慮購買一個特許經營權或加入網路行銷時，你就會發覺現金流管理系統會為你提供許多方便。如你擁有特許經營權時，需要建立自己的現金流系統並監督它。當你加入一個網路行銷機構時，機構會代替你進行現金管理。在這種情況下，公司總部會負責整個機構的會計功能，並定期為你寄去收入報告並支付你。但無論如何，與你的會計師一道建立起一個完整的現金流管理體系，依然是十分重要的。

第三十三章 溝通管理

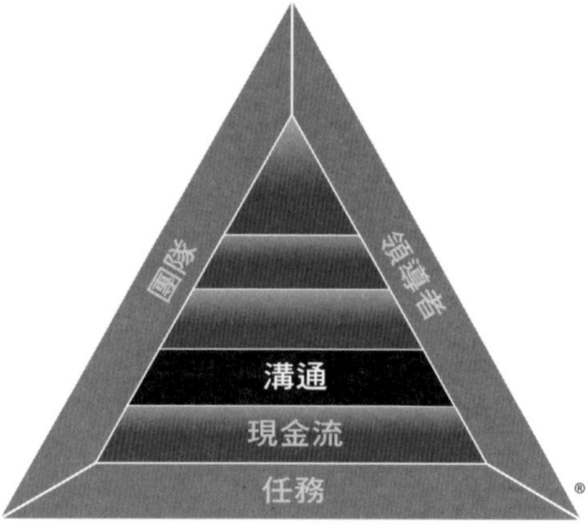

富爸爸說：「你愈善於溝通，與你溝通的人愈多，愈有利於你的現金流通。」這就是為什麼「溝通管理」是「B－I三角形」中的第二層的原因。

富爸爸強調，「你希望得到更好的溝通，你就必須是個優秀的人類心理學家。」很多時候你為有些事情感到激動，但別人卻覺得平淡無奇。這就難以讓你與他人進行交流。為了更好地交流，你需要了解不同的人有不同的喜好。」他還說，「許多人在說，但認真聽的人卻很少。還有，這世上好的產品有的是，只有溝通最成功的人才能賺錢。」

我感到十分驚訝的是，很多生意人很少花時間來提高自己的交際能力。一九七四年，我猶豫著怎樣挨家挨戶推銷全錄影印機時，富爸爸一針見血地指出，「窮人通常不擅交流。」我牢記了這句話，並進一步學習且運用到以後的各項工作中。

富爸爸還說：「你的現金流與你的資訊交流程度是成正比的。」每當我發現我的企業面臨困境時，常常是因為在人際交流上發生了問題，可能是缺乏交流，不然就是交流得不夠，或者兩者兼有。我發現這種資訊回饋的週期往往是六週。假設你今天停止資訊交流，那六週後你就會看到它為你的現金流所帶來的衝擊了。

但是，資訊管理絕不只是對外的，也應該是對內的。你只要觀察企業內部各部門的財務狀況，就不難發現哪個部門資訊工作做得好、哪個部門做得不好。

一個上市股份公司有著層出不窮的資訊問題。對於這樣的一個公司來說，既要對內對外處理資訊問題，同時還要與股東保持良好的交流與溝通。每當我聽見有人抱怨「我真希望自己從來就沒有把這個公司上市」時，就知道他與股東之間出現了交流障礙。

一般來講，富爸爸每年都要參加一次資訊討論會，我現在也延續著這一傳統。每次參加這樣的活動後，就發現自己增加了收入。這些年來，我一直堅持參加這樣的活動：

1、銷售
2、市場系統
3、廣告宣傳
4、談判
5、公開演講
6、直接信函廣告
7、舉辦研討會
8、融資

在以上所有的主題中，第八項「融資」是令那些新興企業家最感興趣的話題。當人們問及我怎樣學會融資時，我總是要問他們以上七項的相關知識，告訴他們融資要求你要懂得一到七項的知識。有些企業難以起飛，往往是因為這些企業家不懂得融資。富爸爸說過：「融資是一個企業家最重要的工作。」他的意思並不是要企業家不斷地到他的投資者那裡去索求資金。富爸爸的意思是說：企業家需要確定資金是流動的，包括從銷售、直接營銷、私人銷售、機構銷售、投資者等處獲得相關資訊。富爸爸說：「在公司系統確立前，企業家的一項責任就是確保現金流動。在一個企業創建之初，這項工作可說是最重要的事了。」

有一次，一個年輕人跑來問我：「我想創建一個公司，在這之前您能給我什麼忠告嗎？」我用我一貫的態度回答他說：「你先去一家公司謀一份差事學習銷售。」但他很乾脆地回答我：「我不喜歡，我討厭做銷售、討厭做銷售員。我只想做管理者，去雇用銷售員。」聽到他這麼說，我就與他握了握手，並祝他好運。這也正是富爸爸教我的一課，「不要與向你討教、但又不聽你意見的人爭執，盡快結束和這種人的談話，並且重新回到自己的正事上來。」

人重要的一種生存技能，是盡可能地與更多的人進行有效的交流。這是一種應該不斷增強的技能，為了增加我這方面的技能，我經常參加研討會。就像富爸爸告訴我的，「如果你希望成為B象限的人，你最先應具備的技能就是和他人自由地交流，以及和其他三個象限的人交流的技能。其他三個象限的人可以迴避和非本象限的人談話，但B象限的人不能！簡單地說，與其他象限的人交流是B象限的人最重要的技能，也可能是他們唯一的工作。」

我曾經建議過一些人加入一些網路行銷公司去學習銷售經驗。這樣的一些公司也能具有良好的資訊交流方式和銷售培訓計畫，我看到過一些害羞內向的人，經過這樣的學習鍛鍊後，變得自信、堅強，不再害怕冷嘲熱諷，從而成為了極有影響力的能手。大方得體的交流方式對於B象限的人極為重要，尤其是個人的交際能力還未磨練好時，更應該注意這些問題。

我的第一次行銷訪問

我至今仍清晰地記得，我的第一次營銷訪問是在威基基海濱的街道上。開始時我在街上亂竄了近一個小時，緊張地挨家挨戶地敲門，最後走進了一家賣旅遊紀念品的商店。店主是個慈祥的老人，多年來他見過不少像我這樣的新推銷員。在結結巴巴、汗如雨下地陳述了全錄影印機的性能後，我聽到了他的笑聲。待他笑完之後，他說：「孩子，你是我見到過最糟的推銷員。但是假如你能克服你的恐懼，就會有光明的前程。如果你中途放棄了，就只好像我一樣，坐在櫃檯後面等待顧客，日復一日，年復一年，不會有什麼改變！我坐在這裡，正是因為我害怕站出來像你這樣去推銷。只要你克服了恐懼，世界就會展現在你的面前；屈服於恐懼，你的世界就會變得愈來愈狹小。」那一天的經歷記憶猶新，我深深感謝那位睿智的老人。

當我學會了克服銷售時的恐懼心理以後，富爸爸便帶我參加各種宴會活動，教我在眾人面前克服說話的恐懼。每當我為此事向富爸爸抱怨時，他便對我說：「無論是偉大的領導者，還是成功的企業家，都必須是一個真正的演說家。如果你想成為領導者，你就必須是個演說家！」今天我可以在會議廳裡，面對著成百上千的陌生人口若懸河，全賴於當年的銷售訓練及在組織宴會中的磨練。

如果你想成為一個B象限的人，那麼我向你重申這兩項技能。首先，你必須克服自己的恐懼，不要害怕被拒絕，然後向人介紹你的產品和你的服務。其次，提高你在大眾面前講話的能力，並且讓他們對你所講的話感興趣。富爸爸就說過：「有些人講話卻沒有聆聽者；有些推銷員推銷的產品沒有人感興趣；有些廣告播出後卻無人收看；有些企業家工作辛苦卻籌不到資金；有些企業主無人追隨！假如你想成為B象限的成功者，你就不要效仿他們！」

我的「富爸爸系列叢書」的第一冊《富爸爸，窮爸爸》登上澳洲《雪梨晨報》暢銷書排行榜剛好超過兩年。在美國，登上《華爾街日報》暢銷書排行榜已近九個月。一九九九年九月，又登上了《紐約時報》的排行榜。當其他作家問我是怎樣取得這樣的成績時，我就引用富爸爸的話來回答他們，「我不是最好的作家，但我是一個暢銷書作家！」我還告訴他們，高中時我兩次考試不及格，就是因為文字表達能力差，高中時我也從未吻過一個女孩子，因為我很害羞。最後我又用富爸爸的話告訴他們，「失敗者總是容易發現他們的優勢，並力求不斷增強優勢，而往往忽略了自己的弱點。但當他們發現自己其實很脆弱時，卻已經無力回頭了！一個成功者往往是先看到自己的弱點、再加以改正使之變為優勢的人！」

一個人的外表往往比他的言詞有更大的影響力。經常有人帶著企畫書來找我，為他們的專案提供資金，但他們見到我時就像是老鼠見了貓似的。先撇開他們的計畫書不談，他們的表現就已經使他們的企業形象大打折扣了。據統計，在公眾面前的講話時，肢體語言的影響力占近55％，聲音占35％，語言占10％。如果你回憶一下甘迺迪總統，你就會發現他完全具備了以上所有的素質，因此他是一個偉大的交際家。當然，我們不可能每個人都像甘迺迪那樣有魅力，但我們都應盡力而為，你也可以用得體的打扮使自己更自信。

在一個電視調查節目中，一些有相同資歷的人應聘同一個職位，往往是，面試後，那些外表吸引人的人，獲得工作的機會比外表不吸引人者為多。

我有一位銀行董事的朋友告訴我說，他們雇用了一名經理，只是因為他長得像個經理！當我問他那個人有什麼有利條件時，他說：「他的長相就是他的條件。他的舉止、他的言談都具有經理的風範。事實上，我們銀行是由董事會負責整個業務及營運銀行一切事務，我們只希望利用他能吸引新的顧客。」我想用這句話來告誡那些說「外在表現不重要」的人。在商界中，好的形象風範是非常有利的交際條件。最後我要老生常談：你只有一次機會建立你的第一印象。

推銷與行銷的區別

在「溝通」一課上，富爸爸一定要讓邁克和我明白推銷與行銷的區別。他告訴我們：「最大的錯誤是，許多人對於推銷與行銷分不清，這也為他們的溝通帶來了障礙。這也導致了他們銷售額降低，以及投資者與員工的誤會。如果一個企業有強大而令人信服的行銷體系，那麼它的銷售工作將開展得非常順利。如果一個企業行銷系統疲軟，那麼它的銷售工作也只能是事倍功半！」

富爸爸還對邁克和我說過：「如果你要學習銷售，你就要學習做行銷。一個S象限的企業主通常善於搞銷售，但一個成功的B象限的企業主，就不但要擅長做銷售，還要擅長行銷。」

他畫了這樣一幅圖來表示：

他說：「推銷只是在人與人之間，一對一地進行的，而行銷則是透過一個市場系統做銷售。」許多S象限的人對這種「一對一」的銷售方式是很在行的，可是如果他們想向B象限過渡，他們就必須學會透過一個被稱為「營銷」的系統來銷售。

總之，溝通是一門值得畢生學習的課程。你不僅要善於談話、寫作、穿著，還要學會展示你自己。就像富爸爸對我說：「其實當你說話時，並不一定意謂著就會有誰在仔細地傾聽。」當人們問到如何建立良好的溝通基礎時，我鼓勵他們從學習一對一的交流開始，到最終能在公眾面前講話，這是兩項基本的交際技能。我還要求他們注意觀察他們這麼做的結果和效果。善於運用這兩項技能，你就能從一個笨拙的資訊交流者變成一個交流高手，你的日常交際能力就會提高，你的現金流也會隨之發生可喜的變化。

行銷與推銷的重點

給人留下好的第一印象是十分重要的。其實，你在行銷及銷售方面的努力，通常會給你的潛在顧客留下良好的第一印象。無論何時，你對工作的熱忱和盡力表現，對你的聽眾都會產生持續的影響。製作、分發介紹資料也十分重要，因為這些資料代表公司的形象。

行銷其實是一個完整的體系。確保了解你的客戶的需求，你的行銷方法才能奏效。在銷售和行銷工作中，還要注意以下非常重要的三點：

確認需求，

提供解決方案，

回答顧客的問題「這對我有什麼好處？」，並提出特別方案，讓顧客覺得極需做出改變。

內部與外部溝通

很多的資訊交流是面向外界的，但是內部的資訊交流也非常重要、不可缺少。內、外部溝通的例子有：

對外資訊交流

- 銷售
- 市場營銷
- 客戶服務
- 與投資者的溝通
- 公共關係

內部資訊交流

- 與團隊分享成功的喜悅
- 定期召開的員工會議
- 定期與顧問溝通
- 人力資源政策

有一種交流方式對公司的影響非常大，但是你又很難控制。這就是：你現在的客戶與你潛在的客戶之間的交流。不可否認，我們富爸爸公司的成功，很大程度上歸功於，我們的顧客在與其朋友交流時傳播我們公司的資訊。這種靠口碑相傳的廣告宣傳方式，影響力是不容忽視的。這種廣告的宣傳力，可以非常神速地影響到一個公司業績的好與壞。由此可見，對任何一個公司而言，客戶服務發揮相當重要的資訊交流作用。

當你購買一項特許經營權，或者加盟一個網路行銷公司時，資訊交流系統也會為你提供幫助。另外，他們所利用的資訊，一般都是那種已經被其他企業、推銷員所證實了的資訊。因此，比起那些正在努力自己探尋的人，你將有著更好的開始。而那些人在付諸實踐看到效果前，並不知道自己已掌握了的東西是否將會成功。

事業成功的關鍵要素之一是良好的語言表達能力。特許經營和網路營銷組織提供的個人發展及培訓課程，對於個人的發展是個不錯的機會。

第三十四章 系統管理

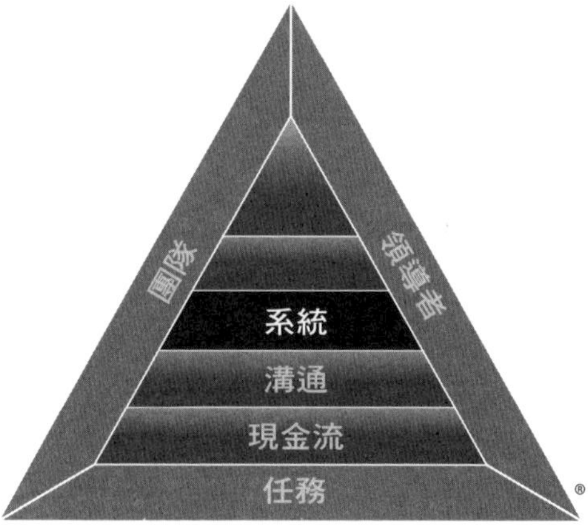

人的身體是由各種子系統構成的系統，企業也是如此。人體由血液循環系統、呼吸系統、消化系統、排泄系統等系統構成，其中任何一個系統停止運作，人體就會立即出現問題，甚至死掉。對企業而言也是同樣的。

每個企業都有自己的一套內部運作系統。事實上，一個企業的每一個分布在B－I象限裡的系統，都是相對獨立而又緊密相連的。我們不能將它們分割開來，因為它們不能夠完全孤立。我們也不能說它們孰輕孰重。

企業要健康成長，每個系統中的每個人都非常重要，並且得有一名總管，確保所有系統都能最大限度地發揮作用。

當我閱讀一份財務報告時，我覺得自己就像是在駕駛艙內的飛行員，清晰地看到了所有的作業系統。如果有任何一個系統出現了問題，我就會立即採取緊急措施。許多才起步的企業和S象限的企業經營失敗之緣故，就是因為該企業沒有足夠的能力給予各系統必要的管理和關注。當一個系統出問題時，譬如說當現金短缺時，緊跟著其他系統也會出現相應的毛病。這就好比一個人患感冒，他又不會照顧自己，如果不治療就會患肺炎，再不及時控制病情，那整個人的免疫系統都會垮掉。

我相信，房地產業應該是開始投資的一個很好的行業，因為一般投資者往往會把各種系統弄亂。房地產投資就是在一片土地上建造起一座建築物，由房客付給你房租。房地產投資相對來說比較穩定，入門者可以有更多的時間去發現問題、改正錯誤。一、兩年後，你就會學到很多的管理經驗。人們問我，到哪裡才能找到這樣的房地產進行投資呢？我說：「找一個差勁的房地產經營者，那麼你就找到了一個廉價的房地產投資專案。但是千萬不要貪圖便宜就買，因為廉價的房地產也有可能存在著什麼不可告人的祕密，也許就是個圈套。

銀行喜歡將錢借給真正的房地產投資人，原因在於房地產專案有穩固運行的系統，並且保值。其他一些行業因為運行機制被公認為不穩定，銀行就不太願意輕易投資。我經常聽到這樣的話，「只有當你不需要錢的時候，才是銀行願意給你貸款的時候。」我卻不這樣認為。我的經驗是：銀行在確定你的企業有良好的運轉機制和償還債務的能力時，就會貸款給你。

一個好的商人能夠很有效地管理多個系統，而並不成為系統的一部分。一個真正的商業系統就像是一輛車，一輛汽車並不因為沒有某一個人就不能行駛了。任何一個懂得駕駛技術的人都應該能把它開動，對於B象限的企業就是這樣的，但對於S象限的企業未必如此。多數情況下，在S象限中，這個開車的人就是整個系統。

有一次，我準備開一家專門出售收藏稀有貨幣的小商店。富爸爸對我說：「一定要記住，一個B象限的人，能夠從投資者那裡籌到更多的錢，因為投資者總是投資給具有很好的運行機制、且擁有能建立好的運行機制的人才。投資者是不會喜歡將資金投到一個到晚上就會倒閉的企業。」

企業無論大小，都需要使其系統正常運行以確保日常工作正常開展。哪怕是一個獨資企業，也會用這種方式管理自己的企業。實質上，獨資企業只是將各系統合而為一而已。

企業的系統機制愈好，對人的依賴性就愈小。羅勃特形容麥當勞，「世界每一個角落的麥當勞都一樣，全靠年輕人經營。」正因為有優秀的規範化運行體制，才使得這一切成為可能。麥當勞靠的是系統，不是人！

首席執行官（CEO）的作用

一個首席執行官的工作就是把握全局、監管企業系統、及時排除企業機體上的病症、防止系統發生「故障」。事情總是千變萬化，當企業發展迅速時，稍不留意，有些事情就會讓你手忙腳亂、不知所措。譬如企業的銷售量迅速增加了，你的產品、服務受到媒體關注了，但是你一下子沒東西賣了！為什麼？這是因為你的運作系統跟不上市場變化的要求。你的電話線不夠多，或者缺少接線員；你的生產廠「供不應求」，或者你不能在定期內完成訂單，又甚至是資金周轉不靈，不能為生產線配備更多人手。不管什麼原因，你就會失去進一步發展企業的機會，不因為別的，只是因為系統的一個方面管理失敗。

企業每上一個台階，首席執行官就應該計畫下一步該如何運作，小到電話線路，大到生產資金。系統管理推動對現金流和資訊的管理。一旦企業系統的運行形成了良性循環，你和你的雇員都會感到做事輕鬆、事半功倍。假如一個企業沒有良好的運行系統，它就會變成勞動密集型的產業。當你的企業設計出完善且成功的運行系統時，你就有了真正具備市場性的企業資產。

典型的商業系統

下面一節我們將為大家列舉一些成功企業所應具備的典型運行系統。有些情況下，下面所列舉的系統與在實際運用中的會有所出入，但對於企業的經營而言，仍是必不可少的。例如產品開發系統，在從事服務行業的企業，就是提供服務的過程。雖然這兩者在某些細節上並不一樣，但基本要素是相同的。兩者都需要企業開發產品或拓展新的服務專案或服務，而最終也都是為了服務於客戶。

在許多網路行銷組織中，這樣的系統都在自然地運轉著。做為會員，你繳了會員費，就會得到一些手冊，介紹系統將詳細地向你介紹為你的業務所提供的服務內容。這就是為什麼這樣的現成商業系統如此吸引人的原因。

如果你希望建立自己的企業，就請你認真研讀以下的系統列表。即使你已經在使用其中的某些功能，但你仍然可能沒有把它們劃分成各自獨立的系統。你將這些系統用得愈規則化，你的企業效率就會愈高。

每個企業都需要的有效的運作系統

日常辦公作業系統

- 免費服務熱線和電話應答系統
- 信件收發系統
- 辦公用品採購和設備供應保障系統
- 傳真和電子郵件處理系統

- 出入庫處理系統
- 文件備分和資料檔案系統

產品開發系統

- 產品開發和法律保障系統
- 產品包裝及配送宣傳資料（如目錄等）系統
- 生產流程和工藝的改進系統
- 生產成本控制和專案競標系統

生產和庫存管理系統

- 代理商選擇系統
- 產品質量保障和售後服務系統
- 產品和服務的價定（零售和批發）系統
- 制定庫存產品的盤點程式
- 收到和保存存貨系統
- 透過會計帳目協調日常庫存量系統

訂單處理系統

- 透過信件、傳真、電話或網路接受訂單，並記錄訂單
- 整理並履行訂單
- 訂單發送

催收貨款和應收帳款管理系統

- 向客戶催收貨款
- 收取貨款（以現金、支票或信用卡等形式），並計算現有應收帳款餘款
- 催收滯納金系統

顧客服務系統

- 退貨庫存上帳程式及向顧客退款系統
- 處理顧客投訴
- 退換不合格產品或提供其他保障性服務

應付帳款系統

- 採購步驟和審批

·供應和庫存付款程式
·小額現金支付

行銷系統

·制定完善的行銷計畫
·設計並製作宣傳推廣材料
·制定總體規化，確定主打產品
·制定廣告計畫
·制定公共關係計畫
·制定與客戶直接聯絡計畫
·資料庫的開發與維護
·網頁的開發與維護
·分析、追蹤銷售統計資料

人力資源系統

·聘用程式和用人協定
·培訓員工計畫

・工資支付程式和獎金計畫

一般會計系統

・帳目管理程式：日報、週報、月報、季報和年報
・現金管理，保證及時的支付需求
・資金預算和預測
・工資收入所得稅的申報和預付稅款

公司總體運作系統

・談判、起草、履行合同
・開發和保護知識產權
・掌握保險需求及範圍
・申報並支付聯邦稅收、州政府稅收及司法稅收
・制定支付聯邦政府、州政府和司法部門稅收的計畫
・管理和保存檔案紀錄
・保持與投資者及股東的良好關係
・確保法律上的安全性

・計畫和掌握企業的發展狀況

日常管理系統

・維護、設計電話通訊系統及電力系統
・計畫辦理各種許可證及其費用支付
・授權許可
・確保日常安全性

你可以把上述系統的運作政策及程式制定成手冊，這樣的手冊對你的員工而言是非常有價值的。在手冊的制定過程中，你就會隨時發現令你的事業發展順利的途徑，以及提高效益的方法。這樣你將一步步地向成功的B象限企業家靠近。

第三十五章　法律管理

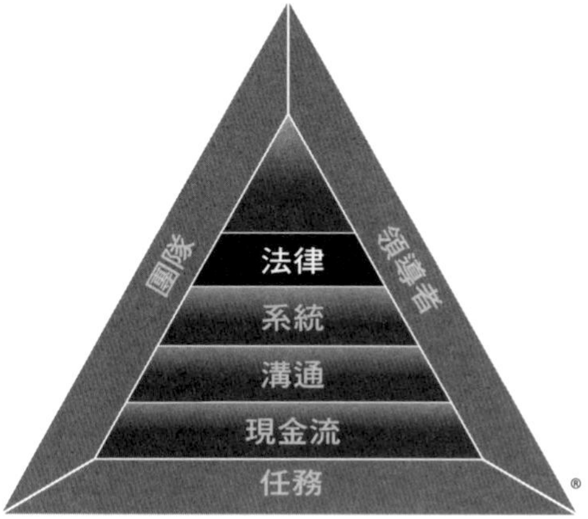

在「B－I三角形」體系中，法律管理這一項目，對我而言可是教訓深刻的一課。富爸爸發現我的企業中有一個嚴重的缺陷：在生產我自己設計的「維可牢」錢包之前，我未爭取到對此產品的法律保護。特別是，我未申請對這些產品的專利權。（沒有申請專利權的原因，是因為我覺得用一萬美金去申請這麼一項專利太昂貴了，而且我總覺得我的產品不至於重要到值得花那麼多錢去申請專利的地步。）但不幸的是，另一家公司在發現我的產品走紅市場後，偷偷抄襲了我的產品並搶先申請了專利，結果是我對此無能為力。

今天，我特別熱中於向人們介紹這類問題，特別是我們正處於資訊時代，你的知識產權律師和你的合同律師對你而言是非常重要的顧問，他們是你創造財富的最強力後盾。如果他們十分優秀的話，可以保護你的企業不受不法之徒的侵害，你會從中受益匪淺的。

在全世界，有許多這樣的故事：不夠聰明的企業家，在未申請法律保護之前，就迫不及待地銷售自己的產品、公開自己的創意。在知識產權盛行的今天，你的任何創意一經公開，就無法再保護它了。幾年前，一家公司開發了一種小企業商業用的空白表格軟體。我就購買過他們的產品供我的公司使用。但是幾年之後，這家公司倒閉了。為什麼呢？因為它在保護專利方面失敗了！另一家公司，這裡我不提它的名字，抄襲了這個公司的創意並申請了專利，那家小公司因沒有申請專利而不能與之抗衡就倒閉了。而拿走這項創意的公司，今天已是軟體行業的佼佼者了！

有人說比爾．蓋茲靠著一個思想火花而成為了當今世界上最富有的人。換句話說，他並不是靠投資房地產或開工廠而致富的。他就是靠把握資訊、保護資訊，在他三十多歲的時候，成為了世界上最富有的人。更具戲劇化的是，他甚至沒有親自著手於微軟公司的創辦與經營，他是從其他軟體發展商那裡買程式，再將它售給ＩＢＭ等公司，然後就高枕無憂了！

歐納西斯（Aristotle Onassis）靠著一份簡單的法律合同，而成為了今天船運業的巨人。根據那份合同，一家大型製造公司把向全世界運輸這家公司貨物的專運權交給了他。當時他除了這份合約，連一艘船都沒有。但就憑著這份合約，他向銀行借到了貸款購買了船隻。他又是從哪裡買到這些船的呢？他是在二戰結束後的美國政府那裡買來的，因為美國政府正巧當時有多餘的運送軍用品船隻需要處理。這裡要提到的是，要想買下這些船隻，你必須是個美國公民，但歐納西斯是希臘人。這使他卻步了嗎？當然沒有。做為一個精明的B象限的人，歐納西斯懂得運用法律，他以他所掌管的一個美國企業的名義，成功地購得了這些船隻。這也顯示出法律對不同象限的人而言，作用是不一樣的。

保護你的創意

我的知識產權律師負責富爸爸公司在全球的專利和商標的註冊，我們每年支付給他與他的公司的金額很高，但他也為我們創造了許多財富，保護了我們繼續營利的權力，指導我們順利地通過了一次次的談判。

總結

很多企業都是從一張簡單的合同起家的。一份合同，可以為你打開一扇通向全球的事業之門。

避免法律問題

專利、商標、著作權等等都是最有價值的無形資產，這些有關法律的文書是你知識產權的保障。就如羅勃特在他的「維可牢」錢包經營中所發現的，失去了這些保護，你就冒有失去一切的危險。一旦你保護了自己的專利權力，你就可以阻止他人盜用，你可以把這些權力出售或授權給他人，從中也可賺取不少的利潤。授權給他人，是用你的資產為你服務的最好範例。

其實，法律問題涉及企業經營的各個方面。擁有一支好的法律顧問隊伍，對企業的創立及發展都是極其重要的。取得合法專利權的費用乍看起來比較昂貴，但是，如果將這筆費用與你因失去合法權力而可能造成的損失相比，或與為此事到法院訴訟所要花的訴訟費相比，這筆費用要少得多！此外，你還得花時間去打官司、還要花費許多的精力！這可是用錢也買不回來的。

這一領域，也是特許經營權和網路行銷可以發揮作用、幫助你開創企業的地方。典型的案例是，你獲得了特許經營權和網路行銷權，他們會為你提供許多必要的協助，為你提供創建企業、發展企業所需要的各種法律文件。這不單為你節約了金錢、節省了時間，同時也省去了你許多的精力。這樣，你就可以專心於企業的發展了。儘管如此，你仍然需要有自己的律師來幫你處理事務，他可以協助你避免在企業經營中可能會出現的一系列法律問題。

有了法律顧問，你就可以有效地避免在以下經營活動中可能發生的問題：

公司法

- 企業實體的選擇
- 購買、銷售協定
- 經營許可證
- 規章執行
- 辦公租約和收購合同

勞動法規

- 人力資源問題
- 雇傭合約
- 雇傭爭議
- 美國職業安全和健康法案
- 員工薪金

客戶權益保障法律

- 銷售條款和條件
- 直接郵遞

- 產品質量保障法
- 廣告真實性的法規
- 環境法規

證券和債務文件

- 設備租用或購買
- 貸款文件
- 私募
- 首次公開發行

合同

- 與供應商的合同
- 與批發商的合同
- 與雇員的合同
- 統一商品標示
- 擔保書
- 司法合同

股東問題

- 公司內部規定
- 董事會權利
- 股票發行
- 兼併與收購
- 資產分派

知識產權

- 勞動雇用合同
- 保密合約
- 版權
- 隱性作品
- 專利
- 商標
- 知識產權授權

第三十六章 產品管理

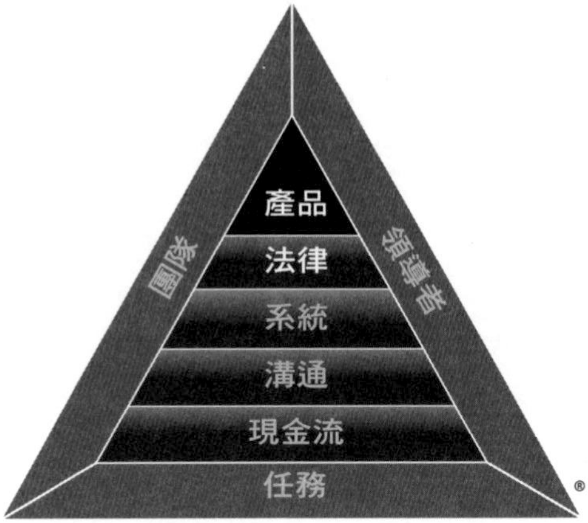

客戶最終要從企業買走的是企業產品。企業的產品是「B－I三角形」中最後一個重要的方面。產品可以是漢堡等有形的物體，也可以是諮詢業等無形的服務。有趣的是，在評估一個公司成功與否時，許多一般投資者總是把眼光盯在產品上，而忽略公司的其它部分。

與此相反的是，富爸爸卻認為評價一個公司經營好壞，產品是最不重要的一個部分。

很多人問過我對新產品的看法，我的答案是：世界上到處都有好的產品，人人都說他們的新創意和新產品比現有的好。E象限和S象限中的人，認為勝人一籌的產品和服務是最重要的；B象限和I象限的人卻認為，一個新公司最重要的是產品或創意背後的管理機制，或者說「B－I三角形」的其它部分。我想要說的是，很多人能做出比麥當勞更好的漢堡，可是能有幾個人能夠建構出一個比麥當勞更好的商業運作系統呢？

富爸爸的教導

一九七四年，我決定以「B－I三角形」的模式建立公司。富爸爸對我說：「用這個模式創建公司具有高風險。有許多人嘗試過，但成功者寥寥無幾。然而，一旦你真正學會如何創建這樣一個公司，你賺的錢就會源源不斷。而那些不敢冒險、禁不起挫折的人，一輩子也難以富有。」

我仍然記得在我創建穩固公司的過程中，成功的高峰和失敗的低潮此起彼落。一紙空洞的廣告傳單，晦澀難懂的產品簡介，為籌集資金和減少開支而疲於奔命，為損失資金無法交代而愧疚窘迫……我記得這一切，我永遠感謝那些理解我的投資者。他們對我講，我再有投資專案時，還可以再找他們來投資。這期間，每次失誤既是一次寶貴的學習經歷，又是一種構築人格的體驗。富爸爸講，創業的風險是很高的，但只要我能堅持學習、不斷努力，事業的回報也將是無限的。

一九七四年，可以說「B－I三角形」中每個層面的管理都是我的弱項，我最不擅長現金流管理和溝通管理。現在，雖然我仍不能說十分擅長三角形中的所有層面，但相較之下，我可以驕傲地說，我已經能夠很好地把握現金流管理和溝通管理。我的公司之所以成功，是因為我在所有的層面之間建立起了一種協同關係。

我想指出的是，雖然創業初始我沒有實力，在現在發展階段或許實力仍然不強，但我沒有間斷學習。我要鼓勵那些想以這種三角形模式致富的人們行動起來，去實踐，犯錯誤，改正錯誤，學習並不斷地提升。

當我看到10％的美國人，掌握了美國90％的股票和73％的財富時，明白了他們的財富之源。許多人是以發明致富的，就像亨利．福特和托馬斯．愛迪生一樣。在他們那個時代、他們的年齡，他們的價值遠遠超過比爾．蓋茲。以相同的道路致富的人還包括比爾．蓋茲、邁克．戴爾、華倫．巴菲特、魯珀特．莫多克（Rupert Murdock），阿妮塔．羅蒂克（Anita Roddick）、理查德．布蘭森（Richard Branson）等。他們激情昂然，建立起公司，與其他人分享夢想並共同分享回報。如果你願意你也可以這樣做。你完全可以接受富爸爸的理論，那就是「B－I三角形」的模式。

海倫．凱勒說過：「真正的幸福不是從自我滿足中獲得的，它源於對目標忠貞不渝的追求。」

任務的體現

產品位於「B－I三角形」的頂部，因為它是公司任務的最終體現，企業最終向顧客提供的就是產品。「B－I三角形」中除產品之外的其它部分，為公司的長久成功打下了基礎。如果你對市場訊息靈通，你的管理體制就會促進生產、銷售並保證其他工作的順利進行；如果你有一個好的現金管理制度，產品銷售就會看好，銷售額會直線上升。

「B－I三角形」與你的觀念

富爸爸認為，利用「B－I三角形」模式能夠很清晰地表達你的想法，這個圖形啟發人們去創造一種可以升值的資產。富爸爸引導我去搭建多個「B－I三角形」，這個過程中有過很多次失敗，這是因為我不能將各個部分協調統一。當人們問我是什麼因素導致我的某些失敗時，我說是因為「B－I三角形」的一個或多個層面出了問題。

但我從不像其他失敗者那樣垂頭喪氣。富爸爸鼓勵我不斷實踐、不斷建構三角形。當我第一次風險投資失敗後，富爸爸鼓勵我繼續努力，不斷學習如何搭建新的三角形。他說：「你練習搭建『B－I三角形』的次數愈多，就愈容易創造出更多的可升值資產。如果你勤奮努力，賺的錢就會愈來愈多，並且也會愈來愈容易，一旦你擅長聽取別人的建議，並能很好地根據這些建議建立『B－I三角形』模式，人們就會願意給你投資。那時，你真的就不是用錢去賺錢了，而是用投資者的錢為他們也是為自己賺更多的錢。你將擁有能夠增值的資產，而不是整日拚命地為賺錢去工作。」

「B－I三角形」和90／10原則並肩作戰

一次，富爸爸為我講解「B－I三角形」時，有一句話引起我的興趣。他說：「人人體內都有一個『B－I三角形』。」我問他那是什麼意思，雖然他解釋得十分詳盡，但我仍然很久以後才明白了這句話的意義。如今，每當我發現一個人、一個家庭、一個公司、一個城市，乃至一個國家，出現財政困難時，我就認為這種情況的出現是由於他們體內的「B－I三角形」的某部分與其他部分失去了協調。換言之，當「B－I三角形」中的一個或幾個部分出現問題時，個人、家庭、國家的變化就發生了。因此，如果現在你、你的家庭或公司遇到財務困難，就分析一下「B－I三角形」，看看有哪些地方需要改變或改進。

解開「B－I三角形」之謎

富爸爸道出「B－I三角形」模式的另一奧妙，這也是學習掌握「B－I三角形」的一個原因。他說：「你父親認為努力工作就能賺錢，可是一旦你學會『B－I三角形』理論的訣竅，你就會發現你工作愈少、賺錢愈多，你所幹的事業也愈值錢。」起先，我不大明白這句話，但多年的實踐讓我的思路豁然開朗。如今我遇到過很多人，他們努力工作、努力升職，或者努力靠信譽開創他們的事業，卻總是感到生活窘迫，事業壓力沉重。一般來講，這些人都是E和S象限的人。對我而言，要致富就得學會建立「B－I三角形」系統，並使之協調一致，即使沒有我，企業也要能正常運轉。我第一次根據「B－I三角形」理論建立了一個企業，並轉手出售後，我領悟到了富爸爸「工作得愈少愈能賺大錢」的意義。富爸爸說這樣思考就是在「解『B－I三角形』之謎」。

如果你是一個工作狂，或者正如富爸爸所描繪的那種「終日勞碌卻兩手空空的人」，那我就建議你和那些終日忙於工作的人們坐下來，探討如何能夠不用去工作，或者只做一些更為重要的工作，就能賺到錢。E和S象限的人與B和I象限的差異在於：前者太忙了。富爸爸說過：「成功的祕訣在於『偷懶』，你愈忙於工作反而可能愈窮。為什麼那麼多人不能躋身90／10的行列呢？就在於當他們本應該尋求事半功倍的辦法時，他們卻忙得沒有時間思考了。如果你想成為以資產創造財富的人，就必須找到少工作卻能賺大錢的方法。」正如富爸爸所言：「成功的祕訣在於『偷懶』。」他就是這樣成功的，他創建了許多可以購買其他資產的資產，如果他像我親生父親那樣整日勞碌於眼前的瑣事，是不可能成功的。

總結「B－I三角形」

「B－I三角形」代表擁有多個分系統的一個強大的系統，這個系統由一個人領導下的團隊所支援。團隊中的每個人都是為共同目的而努力工作。如果團隊中的某個人員能力較差或出了問題，就會影響到整個公司的大局。我想著重指出以下三點做為對「B－I三角形」的總結：

1、金錢總是和管理相伴而生。如果三角形中五個環節之一出了問題，整個公司就會出問題。如果你個人財務出現困難或現金流不足，你可以透過分析每一個環節找出問題所在。一旦你找出問題，你就得想辦法解決這個問題，或者僱一個人幫你解決這個問題。

2、有些最好的投資物件往往是你不願意投資的那些企業。如果一個公司的「B－I三角形」中的五個層面都很差，又不能管理整頓，你最好別去投資。很多次當我考慮是否投資時，我會同管理那個企業的團隊討論該企業「B－I三角形」的五個層面，但我們之間總是有分歧而沒有探討的餘地。當企業所有者或工作團體在五個環節中的任何一個環節上出問題時，他們會極力為自己辯護，而不會接受對自己工作的置疑。如果他們一再辯護而不是積極地找出缺點、改正錯誤，我往往就會取消這個投資專案。不要再那麼費時勞神地去考慮那些費力不討好的投資專案，世上還有太多太多非常好的專案等待你去投資。

3、在個人電腦和網際網路時代，「B－I三角形」理念隨處可見。言談中，我曾提到過獲得鉅額財富從沒有現在這麼容易過，因為在工業時代，建一個汽車工廠需要上百萬美元。而現在，只要一台千元美金二手電腦、一點智慧、一部電話和一些「B

-I三角形」的理念，你就可以闖天下了。

如果你還想依靠個人的力量創建企業，那麼你成功的機會就不大了。最近，一個青年告訴我，他把自己的小型網際網路公司，以兩千八百萬美金賣給了一個大型電腦軟體公司。他對我說：「我二十八歲時就賺到了兩千八百萬美金，可以想像我四十八歲時會有多少錢呢？」

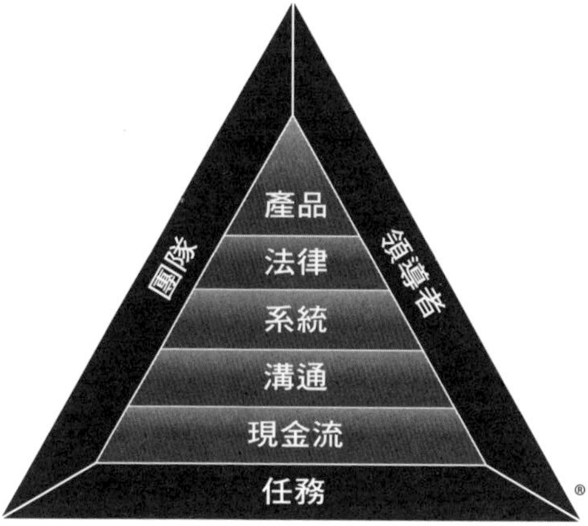

要是你想成為一個在經營和投資上成功的企業家，「B－I三角形」的各個層面就要互相依賴，這樣，你的公司才會興旺發達。如果你僅是一個部門人員，就沒必要成為「B－I三角形」五個層面的專家，只要有敏銳的目光、堅定的使命感和鋼鐵般的意志就足夠了。

從「B－I三角形」到公司四面體結構

當特定的使命、果斷的領導、團結而高素質的合作隊伍有機地結合在一起時，「B－I三角形」就會由一個平面變成一個立體三度空間的錐體，進而變成一個四面體。

最後指出的是公司的完整性。完整指的是整體的統一性、完善的條件和健全的結構。完整更普遍地是指人格上的誠實或忠誠。雖然這兩個定義有所不同，但本質意義是一致的。靠「B－I三角形」原則、以共同努力為目標來建構的公司，無疑是完整而健全的。

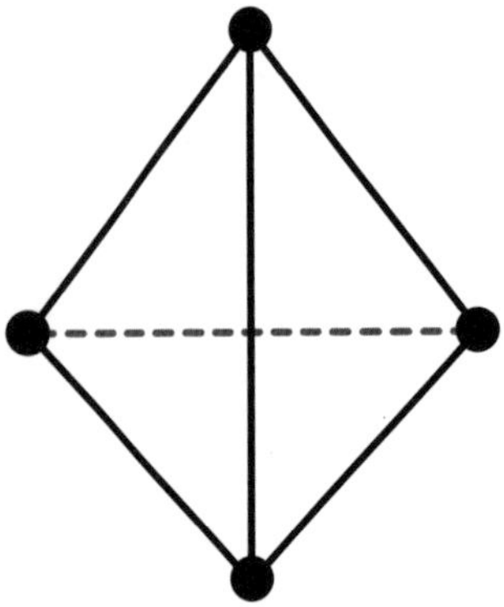

你的公司

第四部分　誰是智謀型投資者？

第三十七章　智謀型投資者的獨到見解

「你已經理解『B－I三角形』概念，好了，那麼現在來考慮一下，你有沒有興趣創建一個自己的公司？」富爸爸問我。

「當然有興趣，雖然要記住那些具體內容有點嚇人。」我回答。

「這就對了，羅勃特。要知道一旦創建出一個成功的公司，你就可以運用這個經驗駕輕就熟地建立起更多的公司；同時，當你打算投資給其他的公司時，你也能夠利用這些經驗，僅僅依據那些公司的某些表面狀況，就可以分析推斷出它們的內部情形，從而判斷出是否應該向它們投資。」

「這簡直不可思議，但我還是不知道該從哪裡著手。」我回答。

「也許這是因為你想一下子就建立起一個大公司。」富爸爸接著說。

「我當然這樣想，因為這樣才會使我發大財。」我興奮地說。

「但是千萬不要忘記，要想從『B－I三角形』理念中學會這些必備的技巧，你就得從小公司一步步做起。小到經營一個熱狗販賣車或出租一棟小型房屋，都可以從中去體會和應用『B－I三角形』理念。你會發現『B－I三角形』理念的每個部分都能為哪怕是最小的企業服務。在這個過程中，你或許會犯一些錯誤，但只要從中記取教訓，你的公司才會愈開愈大。並且在這個過程中，你最終才能逐漸成為一名投資高手。」

「你是說我會在學習創建公司的過程中逐漸成為投資高手，是這樣的嗎？」我問道。

「是的，孩子，如果在創業的路上，你能不斷記取教訓並創建出一個成功的公司，就能成為一個投資高手，」富爸爸邊說邊掏出他的筆記本，「開始的一百萬美金是最難賺的，只要賺到這關鍵的一百萬，接下來的一千萬就不在話下。現在讓我們來探討一下，是什麼因素能夠使一名成功的企業家和投資者成為投資高手。」

誰是投資高手

「投資高手是那些懂得十大投資控制原則的投資者。這些投資者懂得象限右側『讓錢為你工作』的好處，並受用其中。讓我們瀏覽一下每條投資原則，這樣你才能更好地領悟投資高手的獨到見解。」富爸爸說。

投資者十大控制原則

1、自我控制

2、控制兩個比率，即「收入／支出比率」及「資產／負債比率」

3、投資管理控制
4、控制稅款
5、控制購買和售出的時機
6、控制經紀業務
7、控制E－T－C（實體、時機和收入特徵）
8、控制協定的期限和條件
9、資訊渠道控制
10、控制財富回饋、慈善事業和財富再分配

「有一點必須明確，投資高手可以不是內部投資者或終極投資者；他們只要了解每一條控制原則的好處就行了。」富爸爸接著說，「投資者駕馭以上原則的能力愈強，投資的風險就會愈小。」

投資控制原則1：

自我控制

「一個投資者最重要的是自我控制。」自我控制能力決定投資者的投資能否成功，所以，本書第一部分著重突出自我控制的意義。富爸爸總是說：「投資本身並無風險，而是投

資者自身帶有風險！」

學校造就出許多雇員。因為學校教學和考試中僅有一個正確答案，如果學生犯錯誤是相當可怕的。我們在學校中沒有學到足夠的理財知識，所以要改變理財觀念，需要大量的努力和時間。

投資高手們知道，正確答案不止一個。最好的學習方式，就是不斷地從犯過的錯誤中記取經驗和教訓。理財知識是成功的必備條件。投資高手們很清楚自己的財務報表，他們深知自己的每個決定，最後會怎樣影響自己的財務報表上的數字。

為了致富，你必須學會富人的思考方式。

投資控制原則2：

控制兩個比率，即「收入／支出比率」及「資產／負債比率」

理財知識能夠保證這個控制原則的實現。富爸爸告訴過我窮人、中產階級、富人三種不同的現金流模式。

窮人花光了他們所擁有的每一分錢——最終他們既無資產，也無債務。

中產階級的現金流模式：

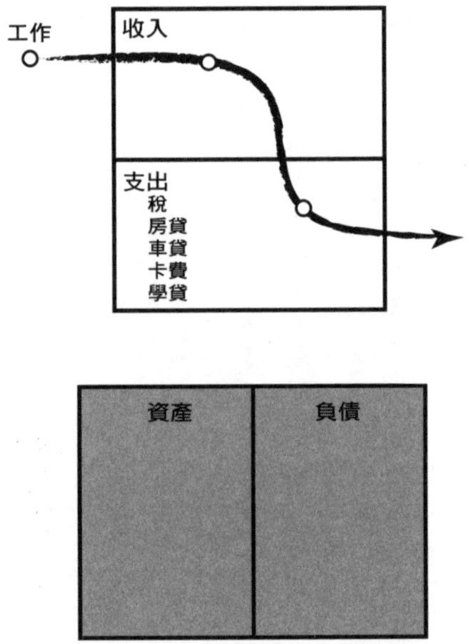

中產階級事業日漸成功，與此同時他們也積累了更多的債務。薪水的增加使他們有資格從銀行貸款，購買諸如名車、度假別墅、遊艇和休旅房車等等物品。他們不斷得到工資，並不斷地將其用於眼前的開支，或用於償還個人信貸債務，以及建立更多的信貸債務。

收入增多，個人債務也隨之增多，這就是我們所說的「老鼠賽跑」。

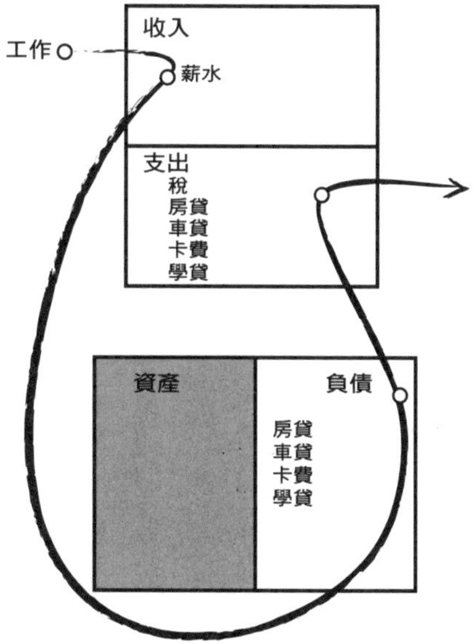

富人的現金流模式：

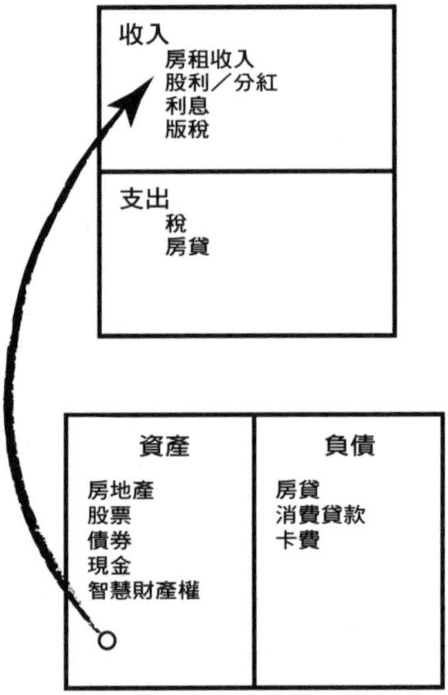

富人讓資產為他們工作。他們懂得控制支出，致力於獲得或累積資產。他們的業務抵銷了支出，因此他們幾乎沒有什麼私人債務。

你也許有另一種現金流模式，這種模式是以上三種類型的混合體。你的財務報表說明了什麼？你控制了你的支出嗎？

購買資產而不是負債

智謀型投資者購置那些能將錢裝進他們口袋的資產，一切就這麼簡單。

變私人支出為公司支出

智謀型投資者明白，因開展業務而支付的必要花費，應該從收入中扣除。他們研究各項開支後得出結論，只要時機允許，就將需要納稅的個人支出，用於不需上稅的公司業務支出。但是要記住，不是每筆支出都可以抵扣的。

再回過頭來和你的財務專家、稅務顧問好好想想，怎樣做才能讓業務中免稅的情況達到最大限度。個人支出變為業務合理支出的例子有很多，譬如：

以上只是幾個業務支出的例子，說明了企業主的一些個人支出是可以轉化為業務支出的，而雇員的個人支出通常是要納稅的。你必須恰當地將支出列為商業支出，並用於合理的商業目的。如果你擁有一個公司，你能想像將個人日常支出變為免稅的公司業務支出，將為

個人支出	業務支出	理由
電　腦	公司設備	用於業務
電　話	工作餐	用於聯繫客戶
在外用餐		註明何種商業目的、與誰一起用餐
醫藥費	員工醫藥費報銷	採用醫療報銷計畫
學　費	教育培訓費	業務需要的資格、證書教育
家庭開銷	在家辦公費用	遵循的原則：記錄所有的家庭支出按照家中用於辦公的面積與家庭總面積的比例進行計算

你帶來什麼樣的益處嗎？

投資控制原則3：

投資管理控制

內部投資者具有調控投資管理的能力，他們對投資顯示出極大的興趣，憑藉對投資的興趣，他們能控制管理決策。做為企業主，哪裡是他們的興趣所在，他們就在那裡思考並做出決策。

運用「B－I三角形」，透過創建成功的公司，掌握其中的技巧，這種能力對投資者尤其重要。

一旦投資者掌握了這種控制能力，他就能更好地觀察和分析其他潛在投資管理的有效性。如果其管理能力很強而且被證明是成功的，那麼投資時，投資者就會感到更加得心應手。

投資控制原則4：

控制稅款

智謀型投資者早已熟知稅法，可能是從正規學習中得來的，也可能是從稅務顧問那裡請教來的。現金流象限右側明確顯示出它具有合法避稅這一優勢。智謀型投資者們精打細算，一有機會，就可以用這些辦法最大限度地減免稅或延遲交稅期。

在美國，象限右側的人享受著許多的稅收減免優惠待遇，而象限左側的人卻只能望洋興歎。以下是三點具體優惠政策：

1、政府不向被動收入和證券組合收入（現金流象限右側的收入）徵收「社會保險」稅（在美國社會保險稅目包括醫療稅、失業稅、殘疾人士收入等名目），但個人工資

收入（現金流象限左側的收入）則必須納稅。

2、法律有規定，不動產所有者及公司所有者，可享受分期或無限期納稅的待遇（如由公司法人資助的分紅計畫）。

3、公司可以用稅前收入抵銷一部分支出，而雇員的個人支出必須建立在納稅之後。具體案例可參見投資控制原則2。

投資高手對每個國家、地區和省市的不同稅法瞭如指掌，哪裡對他們的業務發展最有利，他們就把投資轉向那裡。

正因為意識到E和S象限的人要支出大筆的稅款，投資高手會盡可能減少個人收入，以此達到少納稅的目的；同時，他們不斷加大投資的力度。投資控制原則7中將有案例進一步說明這一點。

投資控制原則5：

控制購買和銷售的時機

無論市場行情是漲還是跌，投資高手都懂得如何賺錢。

在創建公司的過程中，投資高手具有極強的耐心。有時候，耐心等待時機能帶來一種「遲來的但卻巨大的愉悅」。投資高手心裡明白，真正的盈利是在投資之後，公司開始賺錢或能拿去公開上市之時。

投資控制原則6：

控制經紀業務

做為內部投資者，投資高手能直接決定如何賣掉股份或擴大投資規模。

做為向其他公司投資的對外投資者，投資高手對投出的資金深思熟慮，並指示經紀人買進或賣出。

現在許多投資者過分依賴他們的經紀人，買進或賣出股份時，全由經紀人決定。這樣的投資者不是高明的投資者。

投資控制原則7：

控制E－T－C

「在諸多的投資控制原則中，重要性僅次於自控力的，便是對E－T－C的把握和控制。」這是富爸爸常掛在嘴邊的話。選擇給你創收的公司實體，瞄準給你帶來收入的商業時機，認識收入的性質，要做到這一切，你必須熟悉公司法、社會保障法和稅法。

富爸爸很明白，選擇恰當的公司實體、抓住合適的商業契機，將盡可能多的個人工資收入變為被動收入或投資收入，就能從中受益。與此同時，富爸爸精通閱讀和分析財務報表的能力，使他的金融王國迅速地建立起來。

為了詳細地解釋掌握E－T－C的好處，我們接下來看看詹姆斯和凱西是如何做的。

第一種情況：獨資

詹姆斯和凱西擁有一個不用自己打理的餐廳。餐廳是獨資經營的。夫妻倆有兩個孩子。餐館為他們帶來的淨收入是六萬美元。夫妻倆製作了一張財務報表。

詹姆斯和凱西的財務報表

收入		
淨營業收入 （扣除 $120,000 的餐館分期付款和折舊費）		$60,000
支出		
社會保險稅	$9,200	
所得稅	$5,000	
稅金總額		$1,400
家房屋分期付款	$10,200	
生活支出：		
設施	$3,000	
汽車	$3,000	
食品	$12,000	
健康保險	$8,000	
法律＆財務諮詢費	$2,000	
教育	$1,000	
慈善	$1,000	
生活支出總額		$40,200
淨現金流		$5,600

資產	**負債**
餐館建築	家庭住屋分期付款
飯店內部設施	餐館分期付款

第二種情況：個人＋兩個企業

詹姆斯和凱西向財務專家和稅務顧問進行諮詢，重新建立業務結構，以最大限度地增加現金流並減少稅款金額。

詹姆斯和凱西擁有兩個企業；一個人擁有餐廳，另一個擁有餐廳不動產權。詹姆斯是兩個企業的總經理。

詹姆斯和凱西製作了三張與他們的財務狀況息息相關的財務報表：個人財務報表、餐廳事業的財報、餐廳建築物的報表。

詹姆斯和凱西是如何從雙重企業結構中受惠？

1、詹姆斯和凱西能將個人支出變為合理的業務支出（健康保險、法律、財務諮詢費、教育支出、家庭辦公開支和汽車因公使用費）。

2、他們能在稅款支出上節約七千八百八十五塊美金。

3、他們可以將一萬兩千美金劃為養老基金。

4、即使他們沒有了個人收入，第二點和第三點還是切實可行的。

5、他們保護了個人資產。採取的保護方式是：將他們的企業分成兩個部分，一部分為詹姆斯獨有，另一部分為凱西獨有。

再看一下他們是如何獲得成功的：

詹姆斯和凱西的財務報表

收入		
總經理工資		
餐館	$20,000	
房地產公司	$10,000	
辦公室費報銷	$1,000	
汽車費報銷	$1,000	
收入總額		$32,000
支出		
社會保險稅	$2,300	
所得稅	$1,500	
稅金總額		$3,800*
家房屋分期付款		
生活支出：	$10,200	
設施	$3,000	
汽車	$3,000	
食品	$12,000	
生活支出總額		$28,200
淨現金流		$ 0

資產	**負債**
餐館公司	家庭住屋分期付款
房地產公司	

餐館財務報表

收入		
提供餐飲服務		$18,000
支出		
社會保險	$1,500	
營業稅	$225	
總稅		$1,725
總經理工資	$20,000	
房租	$15,5000	
報銷	$1,000	
法務和會計	$1,000	
花費總計		$177,000
淨收入		$1,275

資產	**負債**

房地產財務報表

收入		
房租收入		$155,000
支出		
社會保險	$750	
營業稅	$40	
總稅	$790	
總經理工資	$10,000	
房貸＋折舊	$120,000	
報銷	$1,000	
法務和會計	$1,000	
退休計畫	$12,000	
健康計畫	$8,000	
教育	$1,000	
慈善支出	$1,000	
總支出		$154,000
淨收入		$210

資產	**負債**
建物	房貸
設備	

稅款總計＝ **$6,315**

	情況 1 獨資經營	情況 2 個人+ 兩家公司	差額
稅款	($ 14,200)	($ 6,315)	$ 7,885
收入：			
養老金	0	$ 12,000	
利潤			
個人	$ 5,600	$ 0	
餐廳業務		$ 1,275	
不動產業務		$ 210	
現金流總額	$ 5,600	$ 13,485	$ 7,885

現在，我們比較一下第一、二種情況：

詹姆斯和凱西的財務計畫最後顯示：他們將七千八百八十五塊美金的稅款變成了個人財富。而更重要的是，透過將業務一分為二的方式，他們保護了個人資產。由於擁有兩個依法建立的企業，那麼即使一個企業關門倒閉了，他們還是能保住另一份個人資產。例如一位光顧餐館的顧客在餐館裡病倒了，他可能會向法院控告餐廳老闆，不利於餐廳的法律裁決會有可能導致一個結果：鉅額賠償。餐廳倒閉了，但另一個不動產企業，也就是實際上屬於詹姆斯和凱西的另一份個人資產，最後卻保住了。

詹姆斯和凱西的例子簡明而生動地說明了把握E－T－C的好處。最重要的是，在構思你的財務計畫前，要先向法律專家和稅務顧問請教。為了確保你的業務符合法律規定，你必須對一些複雜的事情深思熟慮、謹慎行事。

上述那些數字讓人眼花撩亂，因此我還想加上一個簡單的表格進行說明，這個表格是富爸爸講解他的餐廳和不動產業務時，畫給我看的。通常我借助表格會理解得更好一些，希望它對你也有所幫助。

控制管理，多多益善

富爸爸說：「有朝一日，你能夠對財務報表自然而然地思考分析時，你就能經營多個企業了，而且可以對其他投資專案做出評估。最重要的是，一旦你能夠對財務報表進行分析了，你就能在金融王國、金錢世界中遊刃有餘，賺到一般人無法賺到的錢。」

接著，他畫了下面這張圖：

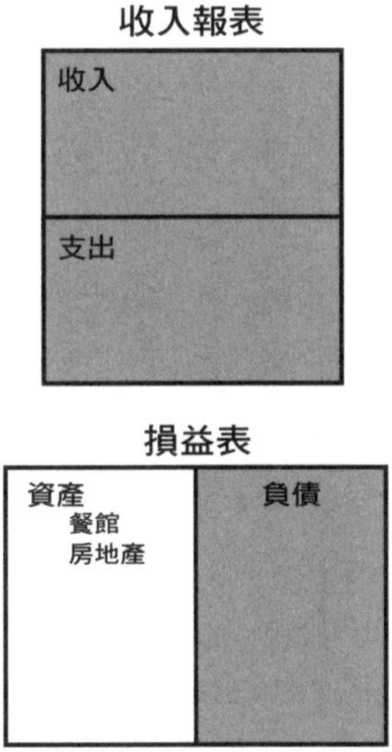

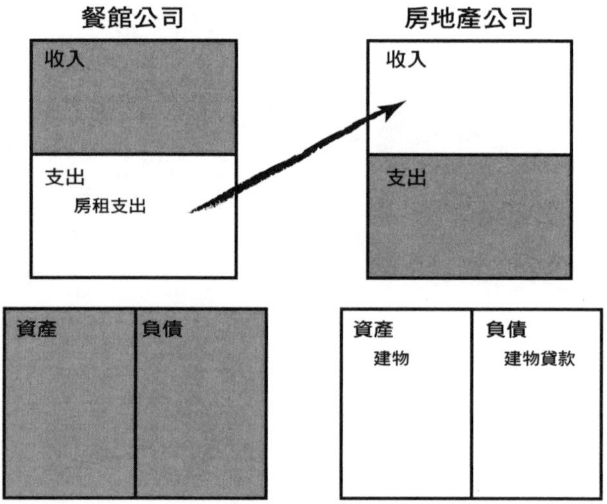

富爸爸點頭笑道：「所以從專業上講，我在做什麼呢？」

「你是在把餐廳賺到的錢變為你不動產公司的被動收入。換句話說，你是在支付自己。」

「這還只是開始而已呢。」富爸爸說，「我想警告你，你需要頂尖的會計師和法律顧問。

一般投資者就在這裡出現問題。他們陷入困惑之中，因為我畫給你的圖表可以合法地實施，也可能是非法的。公司之間的合作必然是有商業目的的，當你在多個公司中擁有股份時，必須仔細考慮擁有企業的恰當方式。用合法的賺錢方式致富實際上很容易，因此，要雇用最好的顧問，從他們那裡，你將知道富人是怎樣依靠法律，變得更加富有的。」

投資控制原則8：

控制協定的期限和條件

當投資高手進行內部投資時，他們能把握合約的條款和履行合約的條件。例如：當我將我的幾間小屋賣掉後再投資一棟小型公寓樓時，我依照稅法的一〇三一條款進行交易，這使我可以透過再投資而延期納稅。在這次買賣中我可以不必付稅，因為我控制了合約的條款和履行的條件。

投資控制原則9：

控制資訊渠道

做為內部投資者，投資高手能把握並控制資訊來源。首先，投資者必須對美國證券交易委員會（其他國家也有類似的監控組織）規定的對內部投資者的要求瞭如指掌。

投資控制原則10：

控制財富回饋、慈善事業及財富再分配

投資高手意識到，在財富問題上要履行社會責任，就要讓錢回到社會去。捐贈慈善事業是一個好辦法。在資本主義社會中，財富的再分配還可以透過提供就業機會及擴大經濟規模來實現。

第三十八章 智謀型投資者具備的思維力

富爸爸說：「數字會告訴我們事實真相，如果你能學著看懂財務報表，你就會知道任何一家公司或一項投資將會發生什麼事情。」

富爸爸教導我他是如何用財務比率去經營他的業務。

無論是投資一家公司的股票還是購買不動產，我總是要分析財務報表。藉由分析財務報表和計算財務比率，可以判斷出企業是怎樣盈利的或企業是如何平衡其收支的。

對於不動產投資，可以根據我應該支付的定金估算出現金回報率。

但追根究柢還是要回到財務知識上。這章將介紹每位智謀型投資者在為財務計畫選擇投資專案時的一些重要思維過程：

- 企業的財務比率
- 不動產的財務比率
- 自然資源
- 是好的負債，還是壞的負債？

．儲蓄不是投資

企業的財務比率

毛利率是毛利除以銷售總額，即除去已銷售商品成本外的利潤比值。銷售總額減去已銷售商品的成本就是毛利。我記得富爸爸說：「沒有毛收入，就沒有純收入。」

毛利率應該達到多少，取決於企業的組織狀況和它所支付的其他開銷。計算出毛利率之後，富爸爸的便利店還必須支付房租、雇員的工資、設施費用、賦稅和獲得政府許可證的費用、一些商品的損失費和一長串的其他費用，再加上足以保證富爸爸的原始投資獲得好的回報的部分。

對於利用網際網路進行電子商務的網路公司來說，這些額外費用通常比較低，所以他們能夠以較低的毛利率經營並盈利。

實際上毛利率愈高愈好。

淨經營利潤率＝息稅前利潤／銷售總額

淨經營利潤率是指在納稅和發生各項費用之前的淨經營盈利率。ＥＢＩＴ是指息稅前利潤（Earnings Before Interest and Taxes），即銷售總額減去企業所有目前花費，但不包括資本成本（利息、稅、股息）。

ＥＢＩＴ與銷售總額的比稱作淨經營總利潤率，淨經營利潤率高的企業實力，比淨經營利潤率低的企業實力明顯要強得多。

淨經營利潤率愈高愈好。

淨營業利潤比例＝ＥＢＩＴ／業績

營業槓桿＝是公司內成本及構的固定成本比例。實際貢獻／固定成本。實際貢獻是指毛利（銷售額減去已售商品成本）減去變動成本（隨銷售額變動而變動的成本），固定成本包括不隨銷售額變動而變動的銷售成本、一般成本和管理費用。例如，與固定雇員有關的勞動力成本，以及與設備有關的大多數成本，都被認為是固定成本。

若一個企業的營業槓桿值為一，就表明企業僅獲得支付這些固定經費的收入，同時也表明企業沒有盈利。

營業槓桿值愈高愈好。

營業槓桿＝貢獻／固定成本

財務槓桿是指一個投資人或企業使用借來的錢的程度。投入的資本總額，就是所有股東權益與生息債務的帳面價值（除去應付轉賣貨物帳款及應付未付的工資、費用和稅款）之和。所以如果你有五萬美元債務和五萬美元業主股票，那麼財務槓桿值就是二（即十萬除以五萬）。

財務槓桿＝投入的資本總額（債務和股本）／股東的股本

總槓桿是指一間公司目前營運乘載的總風險。總槓桿值顯示出企業已知的變化將會給業主（股東）帶來什麼樣的影響。一個正在運行的公司的風險值，就是營業槓桿與財務槓桿的乘積。如果你是企業主，而且是內行，那你至少應對公司的總槓桿有所了解。

如果你正在觀察股市，總槓桿會幫助你決定你是否應投資。美國公司之所以經營良好，管理嚴謹，公開交易，是因為他們能保持總槓桿值在五以下。

總槓桿＝營業槓桿×財務槓桿

負債股權比率是用來衡量公司外部融資額（債務）與內部融資額（股權）間的比例。絕大部分企業都盡量保持該比率在一：一或一：一以下。總的來說，負債股權比率愈低，公司財務結構愈穩定。

負債股權比率＝負債總額／股東權益總額

速動比率與流動比率的意義，在於它們能顯示出公司是否有足夠的清償資產來支付來年的債務。如果一個公司沒有足夠的流動資產來支付流動負債，那麼這通常就是企業將面臨困境的一個信號。另一方面，流動比率與速動比率的值為二：一是再合適不過了。

速動比率＝速動資產／流動負債

流動比率＝流動資產／流動負債

通常認為每股收益是最重要的比值。有了它，你就能把公司的股權投資收益和其它專案投資收益做對比了。

每股收益＝淨收入／股票平均股數

這些比率揭示了什麼？

富爸爸教我必須考慮至少三年的資料。我們透過邊際利潤、邊際貢獻、槓桿比例和股份利潤的發展方向和趨勢，可以了解許多有關公司及其管理，甚至其競爭對手的情況。

很多公司公布了的財務報告不包括這些比率和指標。一個智謀型的投資者就要學會計算這些比率（或雇用懂得這方面知識的人）。

智謀型投資者精通比率術語，並能用它們估算投資，但這些資料不能孤立使用，某種意義上說它們是公司運行狀態的指示燈。但使用時還必須與對整個公司和行業的分析聯繫起來考慮。透過對比公司至少三年的資料和同一行業的其他公司比率，你能夠很快得知公司的相關實力。

如果一個公司最近三年的比率都很理想，並且盈利頗豐，那麼可以說它是一個健全的公司。但如果你審視行業狀況，發現公司主要產品已處在落後狀態，取而代之的是競爭對手的新產品。此時，考慮到在股權上的潛在損失，投資在這個雖擁有很好運行機制和歷史紀錄的公司，也不會是一個很明智的投資選擇。

雖然這些比率初看起來很複雜，但你會吃驚地發現，你能夠很快學會利用它們去分析一家公司。記得，這些比率都是投資高手常用的詞彙，透過教育自己與學習財務知識，你也可以學習「用比率來溝通」。

不動產投資：不動產財務比率

關於不動產，富爸爸有兩個問題：

1、這些資產帶來正的現金流了嗎？

2、如果產生了，你做了投資分析嗎？

富爸爸認為最重要的不動產財務比率是現金回報率：

現金回報率＝正淨現金流／保證金支出

假設你買了一棟價值五十萬美元的房子，頭期款為十萬美元，並獲得四十萬美元的抵押貸款。付清所有開銷和償還貸款後，你每月還有兩千美元的現金流。那麼你的現金回報率就是24％，即兩萬四千美元（兩千×十二個月）除以十萬美元。

在購房之前，你必須決定你應採取什麼方法購買它。是透過股份有限公司或有限責任公司購買呢？還是透過有限合夥企業購買？諮詢你的法律專家和稅務顧問，以確信你所選擇的實體能夠給你提供最大的法律保障和稅收優惠。

投資分析

我認為，投資分析是理財知識中最重要的辭彙，智謀型投資者正是透過投資分析這個過程看出事物的另一方面的。當人們問我是怎樣找到好的投資專案時，我只簡單地回答說：

「我是透過投資分析這個過程找到的。」富爸爸說：「你愈早以投資分析進行專案投資，無論投資專案是一樁生意，還是不動產、股票、共同基金，抑或是債券，你都能愈快找到最安全且具備最大可能性，獲得現金流和資金回報的專案。」

一旦你已確認不動產會給你帶來正的現金流，你仍需要進行投資分析。

富爸爸有一張常用來分析投資的清單，我自己也有一張投資分析清單。這張清單非常全面，甚至包括了多年前不存在的條款（如環境審計）。

要是我對我的投資專案有疑問，我一般都要諮詢專家，並讓我的律師和會計師重新審查這個專案。

投資分析清單

1、按時間付費的臨時雇用值勤人員名單
2、已有證券清單
3、抵押貸款付款資料
4、個人財產清單
5、抵押貸款保險計畫
6、保險政策與保險代理人
7、維修合同和服務合同

8、住戶資料：租契、分類帳簿、申請表、煙霧探測器規格
9、買主和物業公司名單，包括帳號
10、建築物結構示意圖
11、工程概況和文件
12、傭金協定
13、租金和合同一覽表
14、土地使用權協議書
15、進展計畫，包括計畫表、規格和規畫建築、結構、機械、電力、土木工程的圖紙
16、政府特許經營證和不動產發展區域限制
17、管理條約
18、稅單和財產稅報表
19、物業帳單
20、與財產有關的現金收入和其他收支明細帳
21、過去五年內與財產有關的現金收入和其他收支明細帳
22、兩年內的財產（以提交申請日期為準）收入與支出報表
23、財務報表和與財產有關的聯邦與州政府的納稅申報表
24、全面檢查紀錄和購房者滿意程度

25、賣方掌握的對維護所有權、維持不動為經營有益的所有事項紀錄和文件
26、市場概況和地區調查
27、施工預算和實際開銷
28、住戶簡介與概況
29、工作通知單
30、反映兩年內財產營運狀況的銀行報表
31、房屋居住證書
32、產權說明書
33、有效擔保和抵押清單
34、每項投資的第一階段環境審計（若存在的話）

自然資源

智謀型投資者把地層中的自然資源（如石油、天然氣、煤、稀有金屬等）做為他們投資內容組合的一部分。

富爸爸堅信黃金的價值。黃金做為一種自然資源，儲存量是有限的。正如富爸爸說的那樣，幾個世紀以來，人們都非常珍視黃金。富爸爸還認為黃金可給你贏得其他更多財富。

好債，還是壞債？

智謀型投資者可以識別好的借款、費用和負債。我記得富爸爸問我：「如果每間出租房你都要賠一百美元的話，你能擁有多少間這樣的可供出租房屋？」

我當然回答：「沒多少間。」

富爸爸又問：「如果每間出租房你能賺一百美元，那麼你總共能擁有多少間呢？」

我又答道：「我要盡我所能去擁有更多這樣的房屋。」

分析一下你自己的費用、負債和借款吧！每項單獨的費用、負債和借款都產生了與其相對應的收入和資產了嗎？如果是，還要衡量從收入和資產中產生的現金流入，是不是比從費用、負債、借款中產生的現金流出要多呢？

例如，我的朋友吉姆獲得六十萬美元的房屋抵押貸款，為此他每月要付五千五百美元抵押貸款和利息。但他每月可從住戶那得到八千美元的租金收入。這樣，除去所有的開支，他每月從那房子中可以得到正淨現金流一千五百美元。我認為吉姆的抵押貸款是一個很好的債務。

儲蓄與投資

智謀型投資者知道儲蓄與投資的區別。讓我們來看看我的兩個朋友約翰和特里的例子吧！他們都認為自己是智謀型投資者。

約翰是一位專業人士且報酬優厚，他忙於最大限度地投資於他的四〇一（K）退休金計畫。約翰四十二歲，已投資四〇一（K）退休計畫十一年，累計金額有二十五萬美金。直到他退休時，才能獲得回報和現金流，但他又要對他的固定收入付全額稅。

以下是約翰的明細表，假定平均稅率是35％，年投報率8％（雖然報酬可能實際上少很多）

所得工資——十萬美元

稅——35％

投資——四〇一（K）退休金計畫

·最高15％，即每年做一萬五千美元

·退休金計畫——每年收入為總額的8％

·從投資中得到的當前現金流為0

特里與約翰年齡相仿，且有幾乎同樣的高收入。她已從事一系列的不動產業務十一年，且只花了二十五萬美元的定金就得到了一百萬美元的資產。特里一直有10％的現金回報收入，並預計財產以每年4％的比率穩定增長。特里打算退休後把一〇三一交易用於另一業務，從而使股票和現金流帶來更大利益。特里從未投資過四〇一（K）退休金計畫，他的財產收入稅是即付的。

特里的明細表

所得工資收入——十萬美元

稅——35％

投資——不動產一百萬美元的

．頭期款

．25％，即二十五萬美元的定金

．資產報酬率——每年現金回報為10％

．每年4％的資產增值。

．當前現金流——從不動產投資中每年可得兩萬五千美元

下面的表格顯示了約翰和特里資產積累的情況：即稅後用於開支的現金流和每年稅後的退休金現金流。我要感謝我的稅務顧問註冊會計師迪安．甘迺迪準備了這份分析表，讓我們共用它吧！

正如你所看到的，特里的家庭在這二十年裡每年都可以比約翰家庭多支出一萬美元，然而，他倆的工齡都是三十一年，他倆都是六十二歲退休。

約翰一退休就開始從他的公積退休金計畫四〇一（K）中提取8％的比例，得到年收入十一萬八千一百一十美元（納稅前有十五萬七千四百美元）。他打算不動他的本金。經過整整三十一年，每年付一萬五千美元給

	起初		1 - 19年		20年間		退休後
	資　產	現金流	投　資	現金流	資　產	現金流	每年淨現金流
約翰	$250,000	$63,750	$15,000	$63,750	$1,968,000	$63,750	$118,100
特里	$250,000	$73,560	0	$73,560	$2,223,000	$73,560	$342,700

退休金計畫，他獲得最終成功：現收入是他工作時收入的150％。

雖然特里只為不動產付定金二十五萬美元，但她每年可得到總資產一百萬美元的4％的增值。在這二十年裡，特里用租金收入償還了七十五萬美元的抵押貸款。所以當特里退休後，她就能夠把價值一百萬美元的全數產權滾入更大的不動產投資中（經計算價值八百八十九萬二千美元），這個新的不動產會給特里產生三十四萬兩千七百美元的現金流。

約翰退休後過得很舒適，但特里的生活更富足。

假設，由於某種原因，約翰退休後需要更多的收入，他就不得不開始動用退休計畫本金。而特里只需投資另一筆免稅不動產業務，就可由房客償付抵押款本金，從而得到更高的收入。

約翰給孩子們樹立的榜樣是：上學、得高分、找到好工作、努力工作、定期「投資」退休金計畫、最後退休過舒適生活。

而特里的榜樣是：學會從小投資開始，關注自己的業務，使錢努力為你工作，最後過富裕的生活。

不難看出投資房屋能比在四〇一（K）退休金計畫中存錢產生更大的現金流和收入。我把特里歸為投資者類，而約翰則是個優秀的儲蓄者。

智謀型投資者懂得投資與儲蓄的區別，並能把兩者做為他們（她們）財務計畫的一部分。

第三十九章 如何成為終極投資者

這裡有個問題，像比爾．蓋茲這樣的人，是怎樣在他三十多歲時就成為全球商業鉅子的呢？華倫．巴菲特是怎樣成為全美最富有的投資者的？兩人都出生於中產階級家庭，他們的父母並沒有給他們通向家庭金庫的鑰匙，都沒有巨大的家庭財富作後盾，但他們在短短幾年內卻迅速躍上了財富的頂峰。這是怎麼回事呢？

因為，他們做很多超級鉅富們過去在做的和將來還會做的事。他們透過創造數以百億計的資產成為終極投資者。

《財富》雜誌刊登一篇題為「年輕和富有——四十位四十歲以下全美最富有的人」的封面人物文章。以下是一些年輕而富有的百萬富翁名單：

排　名	姓　名	年　齡	財　產	行　業
1	邁克爾．戴爾	34	215億	戴爾電腦
2	傑夫．貝佐斯	35	57億	亞馬遜網站
3	特德．韋特	36	54億	Gateway電腦
4	皮埃爾．歐米迪爾	32	37億	eBay
5	大衛．菲洛	33	31億	雅虎
6	楊致遠	30	30億	雅虎
7	亨利．尼古拉斯	39	24億	Broadcom
8	羅布．格拉澤	37	23億	Real Networks
9	斯科特．布盧姆	35	17億	Buy.com
10	傑夫．斯科	33	14億	eBay

你或許已經注意，這四十位中的前十位都是從事電腦或網路行業的，當然，也有從事其它行業的。從事其它行業的人有：

有趣的是，我發現與網路無關的這些富人大都來自披薩公司、饒舌音樂公司或運動方面，其他人則都是來自電腦和網路行業的。

比爾．蓋茲和華倫．巴菲特沒有名列其中，是因為他們已超過四十歲。據《富比士》一九九九年的介紹，比爾．蓋茲四十三歲，擁有資產八百五十億；華倫．巴菲特六十九歲，擁有財富價值三百一十億。

那麼，這些人是怎樣在他們如此年輕的時候，就進階於商業巨頭行列的呢？其實，他們所走的還是老路。透過這條路，洛克菲勒、卡內基、福特等成為了昔日的商業巨人，而未來超級巨頭也還是得走這條老路。他們建立了許多公司，並出售這些公司股票給公眾。他們努力工作，並成為售股者而不是股票的購買者。總之，他們透過銷售股票合理合法地為自己「印製鈔票」。他們不斷地創建價值很高的公司，然後，將股份所有權賣給股民。

我在《富爸爸，窮爸爸》這本書中提到過，我九歲時把牙膏皮上的鉛融化後放入熟石膏模子造錢。這時窮爸爸告訴我「偽造」的含義。所以我的第一筆生意就在開始的這天結束了。

排名	姓名	年齡	財產	行業
26	約翰・沙特納	37	4.03億	約翰爸爸比薩餅
28	馬斯特・P	29	3.61億	唱片明星
29	麥可・喬丹	36	3.57億	體育明星

相反地，富爸爸說，我與終極投資者的投資模式非常接近，因為，終極投資者就可以合法地為自己「印製鈔票」。這就是終極投資者所做的。換句話說，當你能為自己印錢時，為什麼不去努力地做呢？在《富爸爸，窮爸爸》一書中，富爸爸的第五課是「富人創造他們自己的錢」。富爸爸教我去投資不動產和小企業來創造自己的錢，內行和終極投資者都精通這一技巧。

10%的人擁有90%財富

正如「華爾街日報」報導的那樣，10%的人擁有90%的財富，原因之一，是這10%最富的人很多都是終極投資者或股票發行人。

另一個原因，是在新公司的股票首次公開向公眾發行之前，只有這10%的人有資格（根據美國證券交易委員會條例）在早期投資它們。這些精英們往往都是公司創始人（亦即創建股份公司的股東）、創始人的朋友或精選的投資者。當他們變得愈來愈富時，其他人卻在為收支平衡而奮鬥，若能有幾美元的盈餘，他們頂多也只能利用它們來成為一位購買股票的股民。

買與賣的區別

換句話說，終極投資者是建立公司並出售股票所有權的人。你若讀過IPO章程，你就會發現終極投資者被定為售股人，而不是股票購買者。正如你從這些個人的純粹財富中看到的一樣，售股者和股民之間在財富上有著天壤之別。

最後一哩路

到一九九四年，我覺得我已經成功地完成了我和富爸爸早在一九七四年制定的計畫的大部分。我比較自信能夠處理「B－I三角形」的各個組成部分。我對公司法瞭如指掌，並能與律師、會計師就各種類型的投資專案隨意交談。我還知道實體類型的區別（獨資公司、無限責任公司、有限責任公司、股份有限公司），並懂得什麼時候用其中一個實體去對抗另一個。我能夠成功地購買和投資不動產，我對我的能力毫不懷疑。到一九九四年，我能控制我的所有開銷，並把它們盡可能地變為稅前業務費。從一般意義上來說，我算是沒有工作的，因此我付很少的收入所得稅。我收入的大部分是被動收入，外加一部分主要來自共同基金投資的證券組合收入，還有一部分收入是投資其他公司得來的。

但有一天，我估算我的財務「四稜錐體」，很明顯地發現四稜錐的一條邊非常「虛弱」，那就是票據資產。

我的四稜錐體是這樣的：

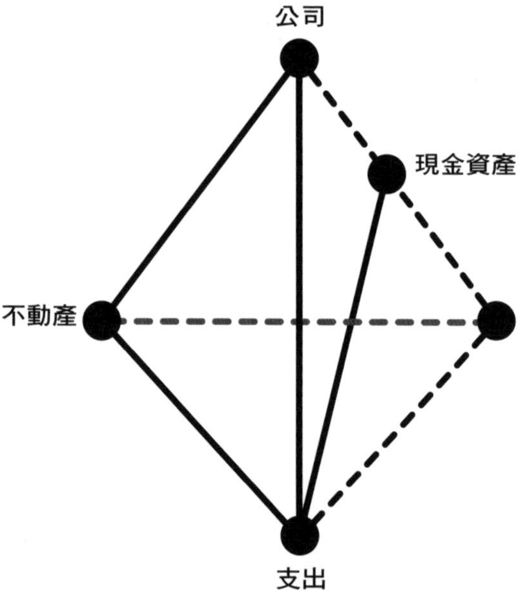

在一九九四年，我對我的成功感覺很好。金和我已獲得財務自由，不用工作也能支付下半輩子的生活，而且不會出現財務困難。然而，我的四稜錐的一條邊已明顯地愈來愈「虛弱」，我的財務王國出現了不平衡。

從一九九四年到一九九五年，我在山上休一年的假，花大量的時間思考如何鞏固票據資產這條邊的問題。我不得不決定，我是否真的有必要去鞏固加強它。我一度認為，我的財務狀況很好。我真的不需要用像票據資產這樣的方式，使我的財務狀況更安全而穩固。我能一如既往地很好地生活，沒有票據資產我也能變得更加富有。

經過一年的思想搖擺不定和徬徨，我還是決定加強投資組合中的票據資產這一薄弱環節。我若不這樣做，就是知難而退了。這樣的結果會使人很煩惱。

另外，是當購買其它公司股票時，我還得決定我是否也應像大多數人那樣從外部投資。也就是說，我需要決定我應成為一位從外部投資的股票購買者，還是應該成為從內部投資的股票投資者。兩者都需要經歷一個學習的過程，幾乎是從剛開始一樣。

進入不動產交易的內部和收購一個小公司相對來說容易些。這也是為什麼我建議那些急於掌握投資者十項控制原則的人，從事這種形式的小交易的原因了。當然，在公司公開上市，透過首次公開，發行進入公司內部又是一回事。總體而言，只有投資菁英們才有可能被允許在公司上市前，以首次公開發行的方式投資。我在菁英行列之外。另外，我也不是來自很好的家庭和學校，我的血是紅色，而不是藍色的（blue blood，藍血，意即貴族血統），我也不是白種人；諸如哈佛的天才學院也沒有我的紀錄。我不得不學著成為菁英行列的一員，只有這樣才有權在公司公開上市之前被邀請去投資。

有一陣子我很難過，瞧不起自己，失去了自信，自我憐憫。富爸爸早已去世，我求助無門。一段痛苦之後，我意識到這是一個自由國度。比爾．蓋茲可以輟學，建立公司，並能公開向公眾發行股票，我未嘗不可？這不就是人們想生活在自由國度的原因嗎？難道我們不能想富就富、想窮就窮嗎？難道這不就是一二一五年貴族們強迫約翰國王簽定「馬格納協定」的原因嗎？一九九四年末，我決定既然沒有人叫我參加局內人的俱樂部，我就必須去找人邀請我去參加或開辦我自己的俱樂部。問題是在這離華爾街兩千哩遠的亞利桑那州鳳凰城裡，我不知該從何開始。

一九九五年新年，我和我最要好的朋友賴瑞．克萊克徒步爬上我家附近的一座山。我們繼續每年新年的慣例：討論過去一年的得失，構想第二年，並寫下來年的計畫。我們在岩峰上花大約三個小時討論：過去的一年，我們的理想，我們的夢想，我們未來的目標。賴瑞和我已是二十五年的老朋友了（一九七四年，我們在檀香山全錄公司時已認識）。在我的生命中，我和賴瑞有比我和邁克更多的相似之處，因此，賴瑞是我最好的老朋友。那時，邁克已經很富有，而我和賴瑞還沒起步，但我們真的渴望也變得很富有。

賴瑞和我作伴了許多年，開始做一些小生意，但很多生意甚至在我們還沒來得及做就失敗了。當我們回憶起這些生意時，我們都感到可笑，那時我們多麼天真呀！當然，也有些生意做得很好，例如，在一九七七年，我倆合夥開始做的「維可牢」尼龍拉鏈錢包生意，後來逐漸擴展到全世界。我們透過合夥做生意成為了最好的朋友，並保持至今。

一九七九年，「維可牢」拉鍊錢包生意開始蕭條，賴瑞做為一名房地產開發商，回到亞利桑那州，並開始建立他的聲望和財富。一九九五年，《公司》雜誌提名他為全美最快起家的人，把他列入最有名望、發展最快的企業家名單。一九九一年，我和金搬到鳳凰城，不單是因為那裡的天氣和高爾夫球，更重要的是為聯邦政府分送的只需花幾便士就可買到價值上百萬美元的不動產。現在，金和我是賴瑞和他妻子莉薩的鄰居。

在一九九五年陽光燦爛的元旦，我給賴瑞看我的四稜錐圖表，並表示我需要增強我的票據資產這一環節。我道出我的願望：不是在公司向公眾上市前投資它，就是自己建立公司並使其上市。在我解釋完後，瑞賴對我說「祝你好運」。我們在三乘五釐米大小的卡片上寫下目標並握了手，這一天就這樣結束了。我們之所以寫下我們的目標，是因為富爸爸常說：「目標必須清晰、簡單，要形成文字。如果不把它們寫下來，每天都溫習的話，它們就不是真的目標，他們只是願望而已。」坐在寒冷的山頂上，我們討論著賴瑞的目標，賣掉他的公司，而後退休。在他解釋完後，我握著他的手說：「祝你好運！」然後我們徒步下山。

我定期溫習我寫在小卡片上的目標。我的目標很簡單，它是這樣寫的：在一家公司還未公開上市前投資它，去獲得每股價值一美元左右的股票十萬份。一九九五年，什麼都沒有發生，我沒有達到我的目標。

一九九六年元旦，賴瑞和我同樣坐在山頂上，討論那年的成果。賴瑞的公司就快賣掉了，但還沒有最後的結果。所以，我們都沒有完成一九九五年的目標。但無論怎樣賴瑞已接近目標，而我看上去離我的目標還很遠。賴瑞問我是否要放棄我的目標，或者選擇一個新的目標。當我們再次討論這個目標時，我開始意識到雖然我寫下了我的目標，但我覺得它對我來說是不可能實現。我從內心感到我真的不很聰明、不很優秀，沒有人會認為我能成為菁英隊伍中的一員。我對目標談得愈多，就愈對人生自我懷疑、自我貶低感到氣憤。「畢竟，」賴瑞說道，「你已還清了你的債務，而且你知道如何建立和經營一個盈利的私人公司，那麼你為何不去成為一名向公眾出售股票的隊伍骨幹呢？」在再次寫下我的目標，並與賴瑞握了手後，我帶著疑慮和擔憂走下了山。因為，那時我比任何時候都更想實現我的目標。同時，我也帶著實現目標更堅定的決心走下山去。

接下來的六個月什麼也沒發生。我每天早晨都要看一遍我的目標，然後開始我的工作，創作我的紙板遊戲「現金流」。一天，鄰居瑪麗敲開我的門說：「我有一個朋友，我覺得你應該認識一下。」我問她為什麼。她說：「我不知道。我只覺得你們倆應該在一塊兒，他也像你一樣是一個投資者。」我相信瑪麗，所以我同意和她的朋友共進午餐。

一、兩週之後，我和她的朋友法蘭克在一家高爾夫球館共進午餐。法蘭克長得很高，是一位有良好口碑、很優秀的人。如果我父親還在的話，他們應該年紀差不多。午餐進行著，從交談中我得知法蘭克的一些情況。他在華爾街度過大部分的中年時光，擁有自己的經紀人公司，還不時成立一些公司並公開上市。在美國交易所、加拿大交易所，甚至在紐約股票交易所的大螢幕上都有他公司的名字。他不僅僅是一個創造資產的能手，而且是一個從股市另一面投資的高手。我明白他能引導我進入一個小部分智謀型投資者才能看見的世界，能使我透過「眼鏡」和「風景」看到事物的本質，並能增進我對世界最大資本市場的了解。

退休後，他和他妻子搬到亞利桑那州，在離新興城市斯科茨代爾市中心很遠的莊園裡，過著離群索居的生活。當法蘭克告訴我在他的一生中，他向公眾發行了幾乎一百家公司的股票時，我明白了和他共進午餐的意義。

我盡量控制著自己，不想表現得太興奮、太魯莽。法蘭克是一個不太喜歡和他人交流思想感情的人，他只跟少數人相處，那就是為什麼我用法蘭克這個名字代替他的真名的原因。他繼續過著隱居生活。午餐很愉快地結束，我沒有討論我想討論的問題。正如我說的那樣，當時，我不想表現得太熱切、太天真。

接下來的兩個月，我多次要求與他再會面。但法蘭克總是禮貌地說「不」，或是盡量回絕安排會面的時間。最後，他終於同意了，並為我指出他那坐落在沙漠裡的莊園的路線。我們約了個時間，我開始預先準備我所想說的東西。

一星期後，我開車去了他家。在路上第一個迎接我到來的是寫著「注意狗」的牌子。當我沿著長長的車道前行時，看見一個巨大的黑團臥在路的中間，我的心跳加速。這正是我一直警惕著的那條狗，一條非常大的狗。這條狗根本不讓路，所以我只好把車停在牠面前。牠趴在離我的車和房子前門各二十呎的中間。直到我意識到那狗已經熟睡，我才慢慢打開車門，小心地從駕駛室裡下來。當我的腳剛剛落地時，大黑狗突然醒來，並直立起來，牠盯著我，我盯著牠。當我準備跑回車裡時，我的心跳更快了。突然，狗開始搖著短粗的尾巴，扭著屁股走過來歡迎我。狗使勁地舔著我，和我親熱了五分鐘左右。

當涉及生意上的事時，我和我妻子金有一個人格信條，「不要和對他的寵物都不信任的人打交道。」很多年了，我發現人們和他們的寵物非常相似。有一次，我和一對夫婦做不動產生意，這對夫婦養了許多寵物。男主人非常喜歡像哈巴狗這樣的名狗，女主人則喜歡五顏六色的外國鳥。當金和我進他家時，小狗表現得很機靈、很友好，但一旦我們接近牠們時，牠們立即變得凶惡，狗凶狠地叫著，鳥粗魯地嘎嘎著。一週後，這筆交易接近尾聲，金和我發現主人和他們的寵物一樣，外表很友善，但內心很暴躁。我在這列印很好的合同上吃了個大虧。但從那以後我和金就訂下一條新規定：如果我們對我們的合夥人有所疑慮，並且他們養有寵物的話，那就想辦法去觀察他們養的寵物。人們善於展示自己好的一面，並能面帶微笑說一些言不由衷的話，但動物卻不會。許多年來，我發現這個「指導方針」非常準確。我還發現一個人的內心品質能透過他或她的寵物反映出來。因此，我和法蘭克的見面有一個好的開端。對了，這條大黑狗的名字叫「甜甜」。

剛開始，我們的會面進行得並不順利。我問法蘭克是否能做他的學生，並和他一塊兒成為內部投資者。我對他說：「如果你能教我如何使公司上市，我願意免費為你工作。」我解釋道：「我已經實現財務自由，我為你工作不需要報酬。」法蘭克遲疑了約一小時。我們相互討論著，他強調他的時間很寶貴，並問我能不能很快地學會，是否願意堅持學下去。當涉及到像華爾街這樣的金融和資本市場時，我的經濟實力還不夠雄厚，所以，他擔心我一旦發現困難太大時就會退出。他又說：「我從來沒有碰到過因想從我這兒學點什麼而要求免費工作的人，人們向我要求的東西只有錢和工作。」我再次強調我所想要的只是和他一起工作和學習的機會。我告訴他富爸爸指導過我很多年，並且我大部分時間都是免費為他工作。最後，他問道：「你學這件事的興趣到底有多大？」我正視他的眼睛，說道：「我非常想學習。」

「那好吧！」他說，「我現在正在關注坐落在祕魯安地斯山脈的一家倒閉金礦。如果你真的想從我這裡學點什麼，就在這星期四飛往祕魯首都利馬，和我的人一起考察金礦、處理銀行事務、找出金礦的癥結所在，回來後彙報你的成果。順便說一句，你的所有費用由你自己支付。」

我呆呆地坐著：「星期四飛往祕魯？」

法蘭克笑道：「還想加入我們的隊伍學習發行公司股票嗎？」我的腸子似乎開始打結，並開始出冷汗。我知道我的誠意正在接受考驗。今天星期二，星期四我已有安排。法蘭克耐心地坐著，我思忖著我的選擇。最後，他帶著愉快的口吻和笑容平靜地問我：「還想學嗎？」

我知道我處在一個是決定繼續還是放棄的關鍵時刻。我也是在考驗自己。我的選擇與法蘭克無關，但與我的個人發展密切相關，我把每件事都與我的個人發展聯繫起來。像這種時候，我會想起大哲學家約翰·沃爾夫岡·馮·歌德（Johann Wolfgang Von Goethe）的智慧箴言：

「在決心出現之前，人總有猶豫，想退卻，卻總是無效。關於主動性和創造的一切行為，有一個基本真理，就是謀殺無數夢想和燦爛計畫的無知：一旦一個人決定投入的瞬間，神會開始提供幫助……不管你的能力到哪裡，和認為自己可以做什麼，開始吧。膽識中其實包含了天賦、力量和魔法。現在就開始吧。」

多年來，每當我想停下來休息時，正是這行詩「神會開始提供幫助」（then Providence moves too）激勵我繼續前進。《韋氏字典》中「providence」的定義是「神靈的引導和關懷。上帝是把持和控制人類命運的神」。現在我並不是在布道或認為上帝在支援我，我只是想說，當我處在心靈世界的邊緣或茫然不知所措時，當時我的一切就是對神靈的信任，這種信任遠遠超過對我自己的。也就是在那時，我明白我必須走出邊緣。於是我深深吸了口氣，邁開了步伐。我在想也正是這些最初的步伐創造了我生活中的不同。起初的成果並不是總讓人稱心如意，但我的生活卻最終得到了改善。那時，這首詩對我幫助很大。

我對於其中的這兩句話尤其感佩：

「不管你的能力到哪裡，和認為自己可以做什麼，開始吧。
膽識中其實包含了天賦、力量和魔法。現在就開始吧。」

詩句在我的腦海裡逐漸模糊，我抬起頭說道：「我決定這星期四去祕魯。」

法蘭克平靜地笑了，「這是你要見的人的名單和地址。回來後，打電話給我。」

超越恐懼，財務現狀才會改變

我所提到的這條路，對於想學習使公司上市的人來說，並不是一定適合，因為可能還有其他更明智更容易的路。但畢竟這條路已擺在了我的面前，所以我想透過我自己達到目標的經歷，來給大家真實地講述這個過程。我認為每個人都必須非常了解，他在智力或情感上的長處和弱點。我只是簡單地講述一下，一旦我知道我生活的下一個目標我就會怎樣做的過程。這在思想方面不難做到，但對情感來說卻是一個挑戰，正如我們生活中的許多重大變化一樣。

富爸爸說：「個人的現狀是信任與自信的分界線。」他畫了這樣一幅圖：

faith　　reality　　self-confidence

他說：「這個現狀分界線，直到一個人拋棄了他所自信的東西，並對他人充滿信任時，才會發生根本性的變化。很多人之所以不會變富，大多是因為他們太自信，而不信任他人。」

星期四那天，也就是在一九九六年夏天，我踏上了去安地斯山脈的征途，考察原來由印加人、後來是西班牙人開採的金礦。憑著我的決心，勇敢地踏入一無所知的世界。也許就是因為那一步，一個嶄新的投資世界呈現在我眼前。從那以後，我的生活起了很大的變化。我的財務狀況也和以前迥然不同，我拓寬對變富有的認識水平。我愈和法蘭克及他的手下一起工作，愈能打破與擴展對個人關於財富的極限想法。

現在，我依然在不斷地擴展我的極限。我似乎聽到富爸爸在說：「人們常常局限在他們可能的財務現狀上。若現狀沒有改變，什麼都不會改變。直到他願意超越恐懼和放棄自我施加的限制，他的財務現狀才會改變。」

法蘭克很守信用

旅行回來後，我向法蘭克彙報情況。這是個儲量非常豐富的大金礦，但財務問題和其它一些營運問題導致它不景氣。我建議不要去開採它，因為開採它可能會帶來很嚴重的社會、環境問題。而要想解決這些問題，需要花上百萬美元。並且要想使金礦有效運行，新老闆至少要裁減40％的人員。這樣會破壞城鎮的經濟。我對法蘭克說：「幾個世紀以來，人們一直都住在這海拔一萬六千呎的地方。一代又一代的人在這裡安居樂業，若我們強迫他們離開自己的家園和離開祖先，到山下盆地城市去找工作的話，這樣做很不明智，我們將會有比我們想像中還要多的痲煩。」

法蘭克同意我的調查結果，更重要的是，他答應教我投資。我們很快去看一些世界上其它地方的礦井和油田。我接受教育的新篇章並拉開序幕。

從一九九六年夏到一九九七年秋，我一直跟著法蘭克做學徒。他一直忙於開發他的EZ能源公司（不是真名），當我加入時，這公司正要在阿爾伯特股票交易所公開上市。因為我加入得晚，我不能以內部投資者的價格得到首次公開發行前的股票。也因為我還是新手並沒有得到確認，所以我以創始人的身分投資也不合適。但我能以每股零點五元（加拿大幣）的首次公開發行價格購買一大宗股票。

在哥倫比亞發現石油，並且也有跡象表明，可能在葡萄牙也有大片油田和天然氣之後，EZ能源公司的股票上漲到大約每股兩加幣到二點三五加幣。假設在葡萄牙的發現被證實與探測的結果一樣，那麼在西元二〇〇〇年每股股票的價格可能會漲到五加幣。再假設，當然這假設是合理的，如果證實了葡萄牙的油田與我們希望的一樣大的話，EZ能源公司的每股股票價格，在最近兩、三年裡將上升到十五加幣到二十五加幣。這些都是積極的一面。

當然，這些小盤股還有消極的一面，它們有可能在兩、三年內一文不名，當公司處於發展階段時，任何事情都有可能發生。

雖然EZ能源公司只是一個小公司，但法蘭克稱之為「前期資金投入者」的價值增長規律，到現在為止都很有用。若事情像希望的那樣發展，投資者就會賺到許多錢。「前期金錢投資者」（首次公開發行前的特許投資者）投資兩萬五千美元購買十萬股份，即每股二十五美分。換句話說，由於法蘭克的名譽、董事會的實力和石油勘探隊專家做保險，他們投資了這筆錢。即使在私下直接銷售，甚至是公開銷售時，也沒有什麼保證或確定值得投資的資產，也就是說，剛開始，所有投資都只有P（價格）而沒有E（所得）。這種投資機會起初僅僅提供給法蘭克的朋友或這個圈子裡的投資者們。

在這個投資圈階段，投資者往往投資於人。人（不是像石油、金礦、網路產品或其他新產品那樣的產品）比任何其它因素都重要。黃金規則「管理帶來金錢」，在公司的這個階段尤其重要。

與其盲從大眾對於公司的不實際期望、胡亂追求，我認為先讓你了解這間上市公司的一些基本情況比較適當。

公司的創始人把時間和知識花在了去交易公司股票上。換句話說，很多創始人都是免費工作，投資他們的時間和知識只是得到一大堆股票。當股票發行時，價值很小，所以他們沒賺多少，也幾乎沒有工資收入。他們無償工作，意在提高股票價值，這樣產生的證券收入比工資收入多得多。也有一些創始者可得到一點工作報酬，但他們實際上是為更大的報酬而工作，這報酬來自於使公司經營良好、並日趨增值的有效工作。

因大部分董事都不拿工資，所以，他們最大的興趣就是增加或不斷增加的公司價值。他們個人興趣與股民一樣，那就是不斷增長的股票價格，公司的所有職員也無一例外。他們可能得到很少的工資，但他們真正感興趣的是上漲的股票價格。

一名創始人，對一個新成立公司的成功有著舉足輕重的作用。因為，只有他們的名譽、專業技能，才能為僅僅存在於紙上的方案賦予信譽、信心、動力和合法性。一旦公司成功上市，一些創始人就會帶著股票退出。一個新的管理隊伍取代他們，而他們又繼續創建公司，重複這個過程。

EZ能源公司的歷史

以下是公司成立後進行的一系列活動：

1、前期資金投入者投資兩萬五千美元購買十萬份股票，即每股二十五美分。在這個階段，公司有個嘗試性的計畫，但沒有任何勘探契約，也沒有任何資產，前期投資者只是投資於管理。

2、目前公司股票交易的價格，在每股兩加幣和二點三五加幣之間。

3、所以，前期投資者的十萬份股份，目前價值為二十萬到二十三萬五千加幣，即十六萬到十七萬美元。現在董事長們的工作就是確保公司價值增長，透過石油的發現使股價上漲，同時鑽出更多的油井，發現更多的石油儲量。從理論上計算，前期資金投入者以兩萬五千的本錢賺了十四萬。他們做這筆交易已五年，所以若他們「賣掉股票的話，他們年回報率應該是45％」。

4、投資者頭疼的是公司規模太小，股票交易不旺盛。不壓價的話，一個投資者很難一次賣掉十萬股股票。所以從某種程度上來說，整宗股票的價值只能是帳面價值。如果一切都如計畫那樣順利，公司規模就會擴大，更多的人就會跟隨著公司或股票而介入。此時，買賣大宗股票就容易了。一般來說，如果得到了發現油田這個好消息，許多大宗股票投資者會保留他們的股份，而不是急於出售。

為什麼選加拿大交易所？

當我和法蘭克第一次開始合作時，我問他為什麼選加拿大交易所，而不選很有名的那斯達克或華爾街呢？在美國，加拿大交易所被認為是北美證券交易業的危險地帶。但法蘭克選加拿大交易所是因為：

1、在給小型開發自然資源的企業提供資金方面來說，加拿大交易所處於世界領先地位。法蘭克用它們是因為他主要開發的是這種類型的公司。法蘭克和華倫・巴菲特一樣，喜歡做他們比較精通的業務。法蘭克說：「我精通石油、天然氣和金銀，即自然資源和稀有金屬。」如果法蘭克開發的是一家科技公司，他可能就會在一家美國交易所註冊。

2、那斯達克和華爾街對於一個小規模公司顯得太大而不能得到任何關注。法蘭克說：

「在二十世紀五〇年代，我開始做生意時，小企業也能在大交易所引起經紀人的注意。如今，網路公司（很多沒有盈利）比許多工業時代有名的大企業更能吸引投資。所以，很多大型的證券交易所，對那些只需要幾百萬美元的企業興趣缺缺。證券交易所主要對上億美元或更多的投資感興趣。」

3、加拿大交易所可讓小創業者不斷參與創業。我想，法蘭克用加拿大交易所，主要因為他退休了。他經常說：「我不需要錢，所以我沒必要去建立一個大公司來獲得更多的錢。我只是喜歡這個遊戲，它使我保持活力，還有，想想看我的朋友還能在什麼地方只投資兩萬五千元，就能購買到十萬股份首次公開發行（IPO）的股票呢？我幹這個因為它依然很有趣。我喜歡挑戰，並且賺錢是件令人滿意的事。我喜歡建立公司，使其上市，看著它們壯大。我也喜歡看到我的家人和朋友們變富。」法蘭克給了我一句忠告：不要因為加拿大交易所太小，就覺得每個人都可去裡面遊戲。實際上，加拿大的一些交易所由於曾有的一些交易而有著不佳的名聲，要進行這類交易，必須非常熟悉公司上市動作的來龍去脈。

4、有個好消息：加拿大證券交易所要加強管制了，具體管理辦法已在嚴格地貫徹。我想在今後的幾年中，加拿大證券交易所會隨著愈來愈多來自世界各地的小規模公司的介入，以及尋找小交易籌資而發展壯大。

了解股票發起人：在之後的幾年中，我一直精力充沛地參與這一業務。在此期間，我曾遇到三個人，他們都有合法資格證書，並且在名字後面都有合法的字母編號。他們對我說，他們從投資者那裡募集了上千萬元的獎金，但實際上他們根本就不知道怎樣去進行一項業務或白手起家。幾年來，這些人用投資的錢搭頭等艙或私人飛機飛遍各地、下榻最豪華的酒店、舉行奢侈的晚宴、喝最好的酒，可以說是魚肉投資者。這樣，公司很快就不存在了，因為它沒有實質性的發展，現金流已快流完，這些人於是又重新建立另一家公司，一切又從頭開始。那麼又如何辨認發起人是個真正的實業家，還是個只知道亂花錢的空想家呢？事實是直到他們的公司倒閉了，我才確信他們三個欺騙了我。所以我所能提供的最好的建議是去了解他的經歷，查一些資料，然後跟著直覺走。

5、如果一個公司已經壯大且前景輝煌，那麼公司可以從小交易所換到大一些的交易所去，如那斯達克和紐約證券交易所。從加拿大交易所換到美國交易所的公司價值平均增長是相當大的。（有時超過200%）

當今許多大名鼎鼎的公司，都是從不起眼的小公司發展起來的。一九八九年，微軟公司還是一個每股股票價格僅為六美元的小公司。從那以後，同一股票增值八倍。一九九一年，思科（Cisco）的股票僅售每股三美元，後來也升值到了八倍。這些公司合理地運用他們投資者的錢，逐漸成為世界經濟中具有影響力的公司。

困難重重的過程

在美國，進入大股市的一些限制條件使股票首次公開發行（IPO）對於大多數公司來說是很難的一個過程。正如安永的《公司上市指南》一書中描述的那樣，紐約證券交易所要求一個公司擁有淨有形資產一千八百萬美元和稅前收入兩百五十萬美元。美國證券交易所要求一個股東需擁有價值四百萬美元的普通股，和市場價值至少為三百萬美元的首次公開發行股票。那斯達克國內市場也要求至少四百萬美元的淨有形資產，和市場價值至少為三百萬美元的首次公開發行股票。

很多不具有這些資格的中、小型企業，就去尋找「反向合併」的機會，以便能夠和現存的已上市公司合併。透過這個買賣過程，公司由於控制了新合併的上市公司，而成為上市公司。

一些公司也可以留意一下其他外國的交易所，如加拿大交易所，那裡的上市規定不是那麼嚴格。

誰買加拿大交易所的股票？

年前，我在澳洲做了一次關於投資的報告。在會上，一位聽眾認為投資稀有金屬和石油很傻。他是這樣問：「別人都在買高科技或網路公司股票，你為什麼還做這些大不如前的生意呢？」

我解釋道：「做一個逆向投資者付出的代價要小點，這樣的投資者一般都去找過時的，或不受大眾青睞的股票。」我說，「很多年前，當每個人都去投資金、銀和石油時，那時能使公司起步的勘探費非常高，所以找一筆價格很理想的生意很困難。現在石油、金銀的價格下跌，找到一個好的專案就非常容易，並且因為這些商品已不如以前受歡迎，所以他們也願意協商價格。」油價開始上升，使我在石油公司的股份更有價值。

無獨有偶，這期間巴菲特宣布他也大量投資了銀。一九九八年二月，這個億萬富翁透露他得到十三億盎司的銀，並把它們儲存在倫敦的倉庫裡。一九九九年九月三十日《加拿大商務》雜誌刊登了一篇文章，稱世界首富蓋茲買了銀的股票，投資在在溫哥華證券交易所上市的一家加拿大銀業公司，得到了價值一億兩千萬美元的10.3％的股份。其實蓋茲自從一九九九年二月起就已悄悄獲得了這家公司的股份。當所有的投資者知道這個消息後，我多年的自信和信任都化為了欣慰。

不會總是全壘打

不是所有的新興公司都經營得像ＥＺ能源公司那樣好。有些公司在上市之後，股票從來沒有上漲過。如果一個公司真是這樣的話，投資者就會失去全部的前期投入資金。所以投資者們需要經過官方認可，且被警告要小心投資。

身為法蘭克的合夥人之一，我想告訴有潛力的投資者怎樣成為新公司，怎樣成為一名前期資金投入者。在我談論業務、涉及的人或報酬之前，我先為潛在投資者解釋風險這個問題。我的開場白經常是這樣的，「我準備講的是一個高風險的投機性投資，主要是為符合特許投資者條件的人提供的。」如果一個人不知道成為一名特許投資者的要求的話，我就會把證券交易委員會的規定解釋給他聽。我還強調他們有極大的可能性失去所有投資的錢，而且這樣的話我重複了很多遍。如果他們還是感興趣的話，我就會繼續解釋：放置在身邊的錢，從來都不應該超過總投資金額的10％。然後，如果他們依然感興趣的話，我就會為他們講解投資、風險、人員及可能的回報等有關情況。

在我陳述的最後，我要他們提問。回答完所有的問題後，我會再次重複風險這個話題。最後，我說：「如果你們失去了錢，我所能提供的就是第一個投資在我們下一個業務的機會。」一直到這時，所有的人都充分明白了風險的含義。我敢說有90％的人決定不和我們一起投資。我給這些仍然感興趣的10％的人更多的資訊和更多的時間去仔細思考，之後，若他們明白了，再打退堂鼓也不遲。

我相信，那些今天正在飛漲的網路公司的首次公開發行股票，在今後的幾年有可能會下跌。這些投資者可能就會失去不說是上億起碼也是上百萬的美元。雖然網路是經濟發展的巨大前進力量，但經濟的壓力只能使少數的先鋒公司成為贏家。所以無論上市公司是個金礦公司，還是自來水公司，或是網路公司，公開市場的壓力仍然存在。

良好的教育

事實證明，決心飛往祕魯對我來說是個重大的決策。做為一名學徒和合作夥伴，我從法蘭克那裡，學到了和我從富爸爸那裡學到的一樣多的東西。在為法蘭克當了一年半的學徒，並和他手下的人工作了一年半之後，他同意我倆合夥開辦他的私人風險投資公司。

從一九九六年開始，我就得到一個實踐的機會：觀察ＥＺ能源公司上市和發展成為一個可行性公司（或許有一天它會成為一家大的石油公司）。因為我的業務關係，我不僅成了一名更聰明的商人，而且我還學會了不少關於股市運作的知識。我的一個原則是投資一個學習過程要五年時間，在這個階段我已花了四年。此時，我依然沒有賺到什麼錢，至少不是我能立刻放入口袋裡的錢。我的盈利只是帳面盈利，但是我獲得的業務經驗和投資教育卻是無價的。也許有一天我也會建立一家公司並在美國交易所公開上市。

未來的股票首次公開發行（ＩＰＯ）

目前，法蘭克和我做為一家合夥的私人風險投資公司，正在準備使另外三個公司上市；它們一個是在中國得到開採權的稀有金屬公司，一個是在阿根廷得到石油、天然氣開採權的石油公司，以及與阿根廷簽約的銀礦公司。

開發中國的稀有金屬公司花的時間最長。我們和中國政府的協商進行得很順利，然而，一件突發意外發生，一九九九年美國戰機誤炸中國駐南斯拉夫大使館，他們聲稱所使用的軍事地圖是過時的，但無論轟炸原因是什麼，這事件使我們的合作關係推後了兩年，我們雖緩慢，但卻繼續著這場談判。

當人們問我為什麼冒這麼大的風險在中國投資時，我的回答說：「它很快就將成為世界上最大的經濟實體，雖然風險很大，但潛在的回報也是驚人的。」

今天在中國投資就像十九世紀初英國在美國投資一樣，只不過，我們以合同和友誼的方式。做為一個公司，我們在和中國交往過程中，應盡量去加強彼此聯繫、增進交流。希望我們能成為促進中美關係的友誼橋梁。這教育性的經歷對於我來說是無價的。有時，它給人的感覺就像和哥倫布同行一條船，共同駛向新的世界一樣。

要使公司上市一般要花三到五年的時間，如果一切順利，我們可以在以後的一年內上市兩到三家公司。要是這真能實現的話，我就可以成為一名終極投資者了。這個公司將是我的第一個上市公司，但對法蘭克來說可能是第九十幾個了吧。

考慮到所擔的風險問題，我現在進行的每一個專案都有可能失敗，都有可能永遠不會上市。如果這種事真的發生了，我會振作起來去開始新的計畫。我們這類投資者明白所擔的風險，也清楚投資計畫本身就意謂著冒險。我們還明白我們會不斷去重新投資一些我們新建立的公司。所有這些就是玩一個遊戲：棒球場上的全壘打。像這樣的投資最好不要孤注一擲。正是因為風險太大，證券交易委員會才對進行這一投機交易的投資者，做出最低收入規定。

下一章將詳細闡述開創公司、發展公司並使公司上市的步驟。雖然這對我來說不是一個很容易的過程，但它卻是令人非常興奮的。

繼續的路

公司上市，對於任何企業家而言，都是一項隆重的儀式。就像一個大學體育明星被選加入職業隊一樣。在一九九九年九月二十七日《財富》雜誌上有這麼一句話，「如果你創立了一家公司，那麼這家公司會證明你的價值。如果你使該公司上市，那麼市場——世界——會證明你的價值。」

這就是為什麼富爸爸稱白手起家並使公司上市的人，為終極投資者的原因了，他沒有獲得這個殊榮。雖然他投資一些公司且最終也上市了，但他自己建立的公司卻從未上市。他的兒子邁克接管了他的公司，然後繼續發展它們，但邁克也沒有上市過一家自己創辦的公司。所以，這意謂著我要去完成富爸爸的培養過程——成為一名終極投資者。

第四十章 你會是下一個億萬富翁嗎？

某本《富比士》雜誌的封面上，列出四百位最富有的人，他們被稱作「鄰家的億萬富翁」。雜誌還刊登一篇題目為「一個世紀的財富」、副標題是「鉅額財富從何而來」的文章。許多年前，很多美國人財富的來源是石油和鋼鐵。今天，更重要的是你能博得多少崇拜的眼睛。

文中提到，「要談論鉅富，必須將眼界放得更遠，對那些以前所未有的速度迅速暴發成為億萬富翁的人來說，靠得是無法捉摸的產品為他們帶來利潤。洛克菲勒（Rockefeller）花了二十五年的時間勘測、鑽探和開採石油，才賺取了自己的第一個十億。而去年，蓋瑞．溫尼克（Garru Winnick）投資了一個名為『全球十字』（Global Crossing）的公司，用以發展全球光纜電信網路，十八個月後，他就步入億萬富翁的行列。」

那麼，今天要成為一個鉅富到底需要多長時間呢？答案是「很短」。對我這類出生在「生育高峰期」的一代人來說，只需看看新生億萬富翁的年齡，答案就顯而易見了。譬如：億萬富翁楊致遠出生於一九六八年，那是我讀完大學的前一年。又如他的搭檔戴維．費羅

（David Filo），一九六六年出生，正是我進入大學學習一年之後。而他們一起創建「雅虎」！到現在其價值已超過三十億美金，而且還在上升之中。相比之下，我經常遇到這樣一些人，他們將在十年內退休，卻擔心著自己的錢能否維持退休後的生計。現在，我們來談談「有錢」和「沒錢」的差距。

我要讓公司上市

一九九九年中，所有聽到和看到的都是關於「股票首次公開發行」（IPO）的消息。這簡直是瘋狂！當有人邀請你為他的事業投資的時候，我經常聽到這樣的推銷詞，「投資我的公司吧，兩年之內我們就會上市。」一次，一個突然冒出來的未來「億萬富翁」打電話給我，請我抽空去看看他的商業計畫，並提供機會讓我投資入股他的「未來」網路公司。一番展示之後，他緩緩點著頭，說道：「您當然知道，首次公開發行後，您手中的股票價格會發生怎樣的變化。」那種狡黠而傲慢的語氣，讓我感到自己好像正在和一款新汽車的推銷員談話。他正在給我一個天大的恩惠，讓我能「有幸」買到這種型號車的最後一輛，雖然是按照已經標好的價格。

對「股票首次公開發行」的狂熱，即對「新題材」的狂熱仍在持續。就在剛才，瑪莎·史都華（Martha Stewart）的公司上市了，她自己也成了億萬富翁。她成為億萬富翁，是因為她教會了那些認為自身需要更加文明和優雅的大眾，如何文明地、理性地和優雅地交際。我個人認為她的貢獻是有價值的，但是否能值十億美元呢？如果按照《富比士》雜誌中對四百名鉅富的定義（衡量財富的標準是你博得的崇拜眼光），那麼，瑪莎．史都華稱得上是一個億萬富翁，她的確有很多崇拜者。

對於所有這些新技術公司和網路公司的股票首次公開發行，我的看法是：90／10規律仍然適用。因為大多數的這類新公司是由商業經驗極少的個人所建立。我估計，如果我們回過頭去看看歷史上的同類時期，會預測到將有90％以上的首次公開發行會失敗，而只有10％左右的人能幸運地獲得成功。對小企業的統計資料顯示，五年內，十家小企業中將有九家破產。如果這些數字能正確地反映新「股票首次公開發行」的現實情況的話，這種狂熱可能會將我們帶入下一個工商業衰退的大蕭條時期。為什麼呢？因為幾百萬所謂的普通投資者都將受到打擊，他們損失的將不僅是幾百萬資金，而且會波及其他，他們將無力負擔自己的新房、汽車、遊艇和私人飛機，並最後導致經濟崩潰。

一九八七年華爾街股市下滑後，流傳著這樣一個笑話，「傻瓜和證券經紀人有什麼區別？」答案是，「傻瓜還有一筆銀行活期存款。」

「熱門題材」這一課

早在一九七八年，我就開始在夏威夷從事股票首次公開發行的工作。當時的我正在創建「維可牢」錢包公司，富爸爸想讓我學習建立一家公司並使其上市的過程。他告訴我：「我從來沒有讓一家自己創立的股份公司上市，但是我投資的幾家公司已經做到了。我希望你能從我投資的公司管理人那裡學到一些有關的方法和技巧。」他將馬克介紹給我，一個和我的搭檔法蘭克很像的人，他們的不同之處在於馬克是個投機資本家（Venture Capitalist，簡稱VC）。因為我是一名越戰老兵，所以VC這個詞對我來講有不同尋常的新意義（譯註：指維多利亞十字勳章，Victoria Cross，亦簡稱VC）。

當人們需要風險投資或是發展公司的資金時，一些小公司常常會找上馬克。因為我需要很多錢去拓展公司業務，所以富爸爸鼓勵我去見他並聽聽他的看法。這不是一次令人愉快的會面，馬克比富爸爸更加強硬。他看了我的商業計畫和實際的財務報表，聽我說了不到半分鐘關於我未來的遠大計畫後，就開始將我批評得一文不值。他說我是一個白癡、一個傻瓜，說他完全不想和我合作。他告訴我不該放棄我的正式工作，而且還說我很幸運，因為富爸爸是他的老主顧，否則，他不會在像我這樣無能的人身上浪費一丁點時間。接著他談了對我的公司價值的估計，他能為其籌集的錢，他出錢的要求及條件，以及他將以控股的身分成為我的合夥人。就像我說的，他具有獲得「維多利亞十字勳章」戰士的狠辣特性。

在公司股票首次公開發行中，投資的銀行家和投機資本家會簽署一份文件叫做「條款清單」。類似於不動產經紀人說的「協定清單」。簡言之，「條款清單」列述的是出售公司的條款和條件，就好像「協定清單」中列述的是出售房屋的條款和條件一樣。

就像不動產買賣中的「協定清單」一樣，對不同的人，「條款清單」是不同的。在不動產買賣中，如果你只出售一所環境條件糟糕的房屋，並且想賣個好價錢的話，「協定清單」上的條件就比較嚴格，變動餘地很小。而如果你是一個不動產開發商，手中有成千上萬的質高價廉且容易脫手的房屋待售時，不動產代理商就可能提出優厚的條件來促成這筆生意。投機資本家也是這樣的，你愈成功，就愈能得到更優厚的合作條件，反之亦然。

看完了馬克的「條款清單」，我覺得他的條件太苛刻了。我當然不願將自己創建的公司52%的股份給他，自己卻像在為他工作而沒有掌控權，但這些卻是他的條件。我沒有責怪馬克，回想起來，也許我當時本該接受它。相比於那時的無知，今天的我如果處在馬克的位置上，我也會提出同樣的條件。我想他給我的任何東西都只是因為對我富爸爸的尊敬。我是一個做生意的新手，與他相比真的是無能。我說的是真的，因為我有一個發展中的公司，但我自己沒有能力去駕馭它。

雖然馬克很嚴厲，我卻很喜歡他，他似乎也喜歡我。我們商量好定期會面，他同意在我發展公司的過程中給我一些免費的建議。他的建議也許是毫無隱藏，卻總是絲毫不留情面的。隨著我的商業知識和判斷力的提高，他開始信任我的能力。我甚至和他短期地工作過一段時間，使一家石油公司上市，很像我現在正在工作的這家石油公司。一九七八年和他一起工作的那段時間，我第一次感受到做股票首次公開發行工作的刺激。

一次我和他一起吃午飯的時候，他對我說了一些關於公司股票首次公開發行是如何運作的事，我永遠也忘不了。他說：「新題材和股票首次公開發行市場與其他商業領域一樣，市場總是在尋找熱門題材。」

馬克的意思是，在一段時間裡，證券市場會特別「青睞」某些行業。他繼續說：「如果你想變得非常富有，做為一個公司的擁有者，你的部分策略應當是，在市場需求出現之前就創立好為市場所需要的公司。」

馬克繼續解釋了歷史上一些曾經因為成為「熱門題材」而聞名的先鋒公司。他說，這就像在本世紀初石油和汽車行業造就了億萬富翁，電視機的發明則造就了新的百萬富翁一樣。馬克關於財富積累的觀點和「富比士」雜誌上的簡潔說明一樣：

1、一九〇〇年代：安德魯．卡內基（Andren Carnegie）從事鋼鐵業成為鉅富，四億七千五百萬美元。

2、一九一〇年代：約翰．D．洛克菲勒（John D. Rockeffeller）從事石油業成為億萬富翁，十四億美元。

3、一九二〇年代：亨利．福特（Henry Ford）靠汽車起家成為億萬富翁，十億美元。

4、一九三〇年代：約翰．多蘭斯（John Dorrance ）生產罐裝飲料（坎普爾的湯）成為億萬富翁，一億一千五百萬美元。

5、一九四〇年代：霍華德．休斯（Howard Hughes）承包軍用飛機製造、工具生產和電影業成為億萬富翁，十五億美元。

6、一九五〇年代：亞瑟．戴維斯（Arthur Davis）從事鋁工業成為億萬富翁，四億美元。

7、一九六〇年代：H．羅斯．佩羅（H. Ross Perot）創立EDS公司（一九六二年），三十八億美元。

8、一九七〇年代：薩姆．沃爾頓（Sam Walton）使零售業巨頭沃爾瑪公司上市，二百二十億美元。

9、一九八〇年代：羅恩．佩雷爾曼（Ron Perelman）做為華爾街市場交易者創造財富，三十八億美元。

10、一九九〇年代：楊致遠和他的團隊共同創建「雅虎」，三十七億美元。

在三十五歲時落伍

一九七八年後，我沒有再和馬克一起工作。就像他預測的，我的生意讓人愈來愈失望，公司內部也出現嚴重的問題。因此，我不得不將所有注意力轉移到自己的公司上，而不再花時間致力於使別人的公司上市。但是，我從來沒有忘記他為我上的關於成為「熱門行業」的那一課。當我繼續吃力地培養著自己的基本商務經驗時，我常常在想下一個「熱門行業」會是什麼。

一九八五年，我在加州的彭德爾騰海軍基地有過短暫的停留，因為，在去越南之前，我一直在那裡駐紮，那時是一九七一年。我的朋友（當時同是飛行員）現在已經是基地空軍中隊的指揮官了。金和我參觀了我和吉姆十四年前成為新飛行員的那個中隊。走在跑道上，吉姆指給金看一架飛機，那是一架看起來很像我們在越南駕駛過的戰鬥機。打開機艙，他說：「你和我現在已經落伍了，我們已經無法駕駛這些飛機了。」

他這麼說，是因為儀器和操縱裝置已完全採用了電子和視頻定位。

吉姆說：「這些新飛行員是在電視、錄影帶的環境中長大，而你和我，卻是在彈子房和撞球桌旁長大的。我們的大腦與他們的大不相同。這也是為什麼他們駕駛飛機，而我卻坐在桌子後邊的原因，做為一個飛行員而言，我已經落伍了。」

我對那天的印象仍然很清晰，因為那時我也感到了自己的落伍。在三十七歲時，我感到自己老了、過時了。當時我想起了富爸爸在五十歲時才感到了自己落伍，而我發覺時只有三十七歲。那天，我完全體會到世事變化的速度有多快，也意識到如果不盡快改變的話，我將會遠遠地被拋在時代的後面。

現在我和法蘭克一起工作，繼續我對公司股票首次公開發行和風險投資的學習。因為我需要票據資產，所以我創造股票。但最重要的是，我從資本市場中獲得了經驗。雖然我為石油、汽油和貴重金屬公司工作——二十到三十年前，這些行業是「熱門行業」，但我卻在想：下一個「熱門行業」是什麼呢？我能否成為下一批新興行業公司中的一員呢？誰知道？我現在五十二歲了，但桑得斯上校（肯德基創始人）起步的時候已是六十六歲。我一生的目標仍然是成為億萬富翁。可能我做得到，也可能不行，但是我每天都在為這個目標努力奮鬥。今天要成為一名億萬富翁是很有可能的，如果有正確的計畫。因此我不會放棄一生的目標，我絕不打算變窮或更加落伍。富爸爸說過：「最困難的是賺取第一個一百萬。」如果真是這樣，對我來說第二困難的是賺取第一個十億。

你會是下一個億萬富翁嗎？

對你們當中那些懷有類似雄心壯志的人，我就如何讓公司上市這個問題，提出以下一些建議。這些經驗大部分來自於我的搭檔法蘭克，他已經使近一百個公司掛牌上市。

雖然要學的東西還很多，但這些指導方針會幫助你起步。

為什麼要讓公司上市？

法蘭克列出了這麼做的六個基本理由：

1、你需要更多的錢。

這是你讓公司上市的一個主要原因。在這種情況中，你可能已有一個能盈利的好公司，但需要更多資本來進一步發展。你已經拜訪過各大銀行，並透過私募方式和向風險投資家籌到了一部分資金，但是眼前你更需要來自投資銀行家的大額投資。

2、你的公司剛剛成立，你需要一大筆錢來擴張市場占有率。

雖然目前你的公司沒有盈利，但市場會給你錢，因為市場總是投資於未來會盈利的公司。

3、一家公司時常會利用自己公司的股票並購買其它公司。

富爸爸稱這個行動為「替自己印鈔票」。用專業詞彙，叫做「兼併與收購」。

4、你想要賣掉你的公司，但又不想放棄控制權。

在私營公司中，所有者常常放棄控制權或尋找一個新的搭檔，讓他指導自己在籌集資金時應該如何運作。而在公開市場籌資，所有人都藉由出售股票，得到了現金而仍然保持對公司的控制權，對大多數的持股人來說，幾乎無力影響他們所投資公司的運作。

5、遺產原因。

福特汽車公司上市，是因為家庭中有許多繼承人卻沒有得到清償。將公司的一部分賣給公眾，就籌到了現金用來分配給遺產繼承人。有趣的是，很多私營公司都採用了這種策略。

6、致富並得到投資到其他地方的資金。

創建一家公司很像修建一幢房子並將其出售。當你創立公司，並透過公開出價賣掉它時，損失的只有一部分資產，也就是它被分成了無數的小片賣給了無數的人。但創建者仍然擁有大部分的資產，並繼續保持控制權，而且透過出售給無數個購買者股票獲得了資金（不是只賣給一個人）。正所謂「好東西要分開小包裝」。

在股票的首次公開發行中，對大股東和官員會有一些限制。因為他們公司股票的價值，可能因為股票首次公開發行而大大增加，所以他們出售手中的任何股票，都要受到嚴格限制。他們的股票常常叫做「限制股」，這是指他們已同意在預定的時間內，不出售手中的股票。

股東們還可以透過賣掉公司來獲得現金，或不採用首次公開發行方式，而是直接與一家已上市的公司合併達到上市籌資的目的。

需要考慮更多的要點

法蘭克提出下面這些在上市之前需要額外考慮的因素：

・在團隊中誰管理過公司？

管理公司和夢想開發新產品、建立新公司有很大的不同。這意謂著要處理好以下問題：薪水、雇員、稅收、有關法律、合同、談判、產品開發、現金流通管理和融資等等。

你可能注意到了很多法蘭克以為重要的東西，在富爸爸的「B－I三角形」裡都可以找到。因此，核心問題在於：你（或者你的團隊中的成員）能夠成功地控制整個「B－I三角形」嗎？

・你想將公司賣多少錢？

這裡涉及到「條款清單」。

我要提到的關於法蘭克的另一點是，在我與他共事的幾年之中，我注意到他在開始建立公司之前，總是明確地知道建立公司的目標是什麼，即是要讓公司掛牌上市。他可能不知道怎樣才會達成目的，但目標是已經設定好的。我談這個是由於許多公司所有人，對自己公司的未來，在頭腦中還沒有一個具體的目標時，就開始創業。他們創業是覺得開公司是個好主意，但對公司的具體運作卻沒有任何計畫和安排。對一個好的投資者來說，適時退出非常重要，對想開創事業的創業者也一樣。做之前，對如何退出就要有切實的計畫。

創業之前，你還應該考慮以下幾點：

1、你是要出售、保留，還是要將它傳給子孫後代？

2、如果出售，是打算私下出售，還是公開出售？

a私下出售可能會和公開出售一樣困難。

b找到合適的買主並不容易。

c公司融資可能有困難。

d如果新的業主無力支付你或無法管理，你只好收回。

·前景良好的上市公司有書面的、詳盡的商業計畫嗎？

這個計畫應該包含這樣的內容：

1、團隊和團隊的經驗。

2、財務報表：三年內已審報表的情況

3、現金流預測：我建議採用三年中最保守的現金流預測數字。

法蘭克說投資銀行家不喜歡那些過高估計未來利潤的首席執行官（CEO）和創業者。他還說微軟公司的比爾．蓋茲對公司的預期利潤常常是輕描淡寫，這是保持股價穩定的一個絕妙辦法。如果首席執行官誇下海口而沒有達到預期利潤的話，他們的股價往往會下跌，投資者也會喪失對公司的信心。

・市場是什麼？到底有多大？公司的產品進入市場後增長的可能性有多大？

產品有市場，同時在你所處的行業也有市場。在不同的時期，特定類型的公司對股票購買者來說，比其他類型的公司更有吸引力。

當某人擁有一家公司開上市的公司後，我們可以說他有兩家公司：一家面向一般的顧客，另一家面向投資者。

・誰是你董事會中的領導者？誰是顧問？

市場靠信心來支撐。如果公司有一班強有力的領導人和受人尊敬的顧問，市場會對公司的未來更有信心。

法蘭克建議道：「如果有人對你說『我的公司即將上市』，你就問他『在你的團隊中有誰曾使公司上市？他曾促成過多少公司的上市？』如果他不能回答，就讓他找到答案後再來，而其中大多數人不會再來。」

・這個公司是否擁有一定的專有權？

一家公司應該擁有或是控制著一些其他公司沒有的東西。它可以是一種新產品或藥品的專利權，也可以是一塊油田的租契或一種商標，譬如星巴克或麥當勞，甚至業主是在某一領域受人尊敬的專家，也能成為巨大的無形資產，例如瑪莎．史都華、史帝夫．賈伯斯創建的蘋果電腦公司和史蒂芬．史匹柏建立的新電影公司。人們為他們投資，看重的是他們過去的成功和今後巨大的潛力。

‧這個公司有驚險、刺激的話題嗎？

我確信哥倫布肯定對他資金的提供者——西班牙國王和王后——講過大話，為的是使他們資助自己向地球的另一端航行。這個話題必須有趣、刺激，至少能讓人們在小小的夢想中企盼未來。在話題的背後，應該有誠實的一面，因為我們的監獄中已經關滿了不誠實的謊話製造者。

‧公司的參與者有沒有熱情？

這是法蘭克一直認為是最重要的事。他說，在生意中他最看重的是公司所有者、領導者和團隊的熱情。法蘭克說：「沒有熱情，即使有最好的公司，最好的計畫，最好的人也不會成功。」

這裡有一段文章摘要，摘自《財富》雜誌，講的是四十位四十歲以下最富有的人。

工商管理碩士們MBA不能適應矽谷的環境，他們是傳統的風險規避者。大多數人上工商學院，為的是畢業後能確保得到收入為六位數以上的工作。資深的矽谷人觀察過從商學院畢業的人，從他們身上，看不到屬於浪漫主義時期叛逆者的熱情。工商管理碩士們在矽谷看到的，也和他們在學校裡學到的完全不同。邁克·萊文（Michael Levine）畢業於伯克萊海斯（Berkeley's Haas School），後加入 eBay 公司。這位前投資銀行家表達自己的方式，和那些創業的中堅分子不同，他並不狂熱。他工作的時間也比別人短，一星期六十小時，而不是通常的八十小時。「如果在十到十五年內，我透過合理投資能賺到一千至一千五百萬美元，那就很好了。」他告訴我，「但是我更願意真正地『生活』。我不知道那是什麼，大概我還沒有做到。」

富爸爸會說他的確沒做到。他經常提醒我注意成功的職員，和成功的創業者的區別。他說：「在公司階梯上爬的人，和自己建造階梯的人是不同的。區別就在於站在階梯向上看的時候，視野不同。有的人看到的是大片蔚藍的天空，而其他人看到的……嗯，你知道有句諺語就是『如果你不是領頭羊，那麼看到的東西都是一樣的』。」

怎樣融資？

法蘭克談到資金的四個來源：

1、朋友和家人。

喜歡你的人們，經常會不加考慮地給予你所需要的經濟支援。法蘭克不贊成這種籌集資金的方式。法蘭克和富爸爸都說：「不要給你的孩子們錢，這會使他們變得軟弱而貧困，要教會他們如何籌資。」

富爸爸以另外一種方式給我們錢。你也許還記得，儘管，我們為他工作，他卻沒有付一分錢給邁克和我。他說：「用報酬來促使人們工作，會將他們訓練成為雇工。」相反地，他訓練我們尋找做生意的機會，並從機會中發掘出生意來。你可能還記得《富爸爸，窮爸爸》一書中關於漫畫書的情節。我到今天還堅持這樣做，當其他人在尋找高薪工作時，我尋找的是做生意的機會。

富爸爸不會虧待他的職員，他熱愛他們。他只培養他的兒子邁克和我與普通人不同的思維方式，使我們懂得老闆和職員的區別。他希望我們長大後能有更多的選擇。

有些父母希望孩子在離家自立之後，能有更多的財務選擇，而不要陷入債務之中，為此，我們設計了一個教育性的紙板遊戲「現金流兒童版」。另外，它也為那些認為自己的孩子是下一個微軟的比爾．蓋茲的家長們而設立。這個遊戲提供了每個創業者都需要的現金流管理知識的早期財務教育。很多小公司倒閉都是由於現金流管理不善。為孩子們設計的「現金流兒童版」，會在他們自立之前，教導他們現金流管理的基本技巧。

2、天使

天使是指那些熱心幫助新創業者的富人。年輕的創業者們，大多數大城市都有「天使協會」，它們不僅在經濟上支援新創業者，還對如何致富提供各種建議。

天使們認識到，擁有大量新公司的城市才是一個正在成長的城市。城市中創業精神的傳播會使城市繁榮。不論大小，這些天使們孜孜不倦地為每個城市提供服務。即使是最偏僻的村鎮，也可以透過電腦和網際網路使創業精神在那裡播種。許多年輕人離開小村鎮到大城市去尋找好的工作機會。我認為這些菁英的流失源自於學校，它教育年輕人如何尋找工作。如果它教的是如何創業，許多小村鎮可以繼續繁榮，因為它們可以透過電子技術與世界的其他任何地方聯結在一起。大量像「天使協會」這樣的私人團體可能會創造奇蹟，使各地的小村鎮再度充滿活力。看看比爾・蓋茲援助的西雅圖，邁克・戴爾支援的德州奧斯汀，以及艾倫・邦德（Alan Bond）支援的西澳洲的弗里曼特爾（Freemantle），你可以從中看到創業者精神的力量。創業者和天使們在一個城市的繁榮中扮演著重要的角色。

3、**私人投資者**

在私營公司投資的人稱為私人投資者。如期望的一樣，這些特許投資者比一般投資者更有經驗，他們伺機而動，盡可能地賺取最大利潤。

因此，在將大筆資金投入到私營公司之前，我建議要接受金融方面的教育，並培養商務經驗。

4、**公開投資者**

投資於上市公司公開交易股票的人稱為公開投資者。這是一個大規模的股票市場。因為這些股票要面對大眾出售，所以要經過證券交易委員會的詳盡審查。股票在這裡交易的風險，比投資私營公司小。但是，投資總是要冒險的。這似乎和我前面所說的「做為內部投資者掌握多一些控制權、就能少一些風險」相矛盾。但請記住，私人投資者不一定總是能把握住局勢。證券交易委員會對報告和資訊公開的條件有嚴格要求，降低了那些根本無法掌握自己投資情況的公開投資者風險。

法蘭克的建議

當我向法蘭克請教公司上市的要點時，我問他對想了解如何募集一大筆資金的人有什麼建議時，他說：「如果他想讓公司上市，我建議他要熟知下述資金的來源。」

- 證券私募備查錄

這應該是正式融資活動的開始。它是一種「自己動手」的籌資方式。一個證券私募的備忘錄應列出你想要的合作條件，運氣好的話，投資者會對它感興趣。

法蘭克再三告誡，開始這個工作時一定要請一位精通證券法的律師。如果你想由小到大謹慎發展，你真正的學習就要從這裡開始。從律師那裡得到有償建議，然後充滿希望地按他的建議去做。

如果，你肯請他們吃飯的話，許多律師願意給你免費的建議。這類專業的顧問在你剛起步和發展過程中對你的團隊很重要。我個人領教過為省幾個小錢而自己去做這種事的艱難，這些省下來的小錢最後導致我賠掉了一大筆錢。

・投機資本家

這類人，像我的朋友馬克一樣，做的是放貸的生意。在人們用盡了自己的、家人的、朋友的及銀行的錢後，常常去找投機資本家借錢。法蘭克說：「投機資本家經常會吃掉一大截利潤，但如果他們有職業道德，他們只會賺應得的錢。」

投機資本家通常會成為你的搭檔，並幫助你的公司成形，進入下一級融資。換句話說，就像一個人可以去健身房請私人教練塑造身材，使自己變得更有吸引力一樣，投機資本家可以像私人教練那樣，使你的公司形象更具商業化，吸引更多的投資者。

・投資銀行家

這是你準備讓公司上市時要去的地方。投資銀行家們常常為股票首次公開發行和二次發行募集資金。二次發行是指向已經透過首次公開發行方式融資的公司，再次公開發行股票。當你翻開《華爾街日報》一類的報紙時，會發現許多大幅廣告來自於投資銀行家，向市場宣布它們提供了哪些資金贊助。

另有一類融資方式稱為「中間融資」，有時也叫做「橋梁融資」。當一個公司已經跨過初期發展階段，但還沒有準備好首次公開發行時，常常會用這類融資方式。

重要的第一步

如果你已經準備好為你的公司融資，你可能會從「證券私募備查錄」開始。法蘭克建議從以下幾個要素開始：

・透過拜訪與專攻這個領域的律師面談。拜訪他們中的一些人。每次會面都能使你增長知識。除了成功外，也可以請教一些他們失敗的先例。

・了解你能得到的不同類型資金來源，要知道如何從合法渠道獲得。換句話說，不是所有的資金提供方式都有相同的效果，不同的方式為不同的需要而設置。

・開始使你的公司盈利，當你出售公司時，你的公司應是按計畫發展的。

・開始正式與未來的投資者洽談，同時你可以逐漸掌握融資的學問和藝術。第一，不要怕別人提問題。第二，不要怕別人的批評意見。第三，你要學會如何拒絕或是如何應對沒有回應的電話。

法蘭克有一個建議：「我看見許多人投資計畫做得很好，但是最後卻拿不到錢。有一件事作為創業者都應該知道，要學會如何將錢拿到手中。如果你不能，那麼就找一個能做到的合夥人。」

法蘭克還說過我富爸爸曾經說過的話：「假如你想進入這個行業，你一定要首先知道怎樣推銷。推銷是一個創業者應該掌握的最重要的一門技巧，你應該學會並不斷提高自己的推銷能力和技巧。要知道融資就是將一種與眾不同的商品推銷給與眾不同的顧客。」

人們財務上不成功的原因，一個重要的原因就是因為不會推銷。而這個原因又是因為他們缺乏自信、害怕被拒絕。如果你真的想要做一名創業者，就需要不斷提高自己的推銷技能和自信，我建議你找一個擁有良好培訓計畫的網路行銷公司，至少為它工作五年，從而學著去做一個自信的推銷員。一個成功的推銷員不會畏懼與任何人打交道、不會畏懼批評和拒絕、不會沒有開口要錢的勇氣。

即使是現在，我仍在繼續努力，克服自己對被拒絕的恐懼，提高我面對挫折的能力，想方設法讓自己克服偶爾出現的自我貶抑。我發現對我來說，應付困難的能力與我的財富增加程度之間直接相關。換句話說，如果我被困難打倒，我的收入就會減少。如果我克服了困難，我的收入就會增加。

如何找到像法蘭克或馬克這樣的人做你的顧問？

在已經取得一些基本的商業經驗，取得一定程度的成功之後，如果你認為自己準備好了讓公司上市，就需要專業指導。投資銀行家法蘭克和投機資本家馬克，給我的意見和指導的價值是無法衡量的，他們為我創造出了一個以前從沒有過且充滿希望的世界。

《標準普爾的證券交易者》（*Standard & Poor's Security Dealers*）大多數書店或當地圖書館都找得到。這本書按州列出了證券交易者的名字，你可按圖索驥找到願意聽你講述你的想法和你的公司的人。不是所有的人都願意給你免費的建議，但有些人會。他們中的大多數人非常忙，如果你沒有準備好，那麼他們就沒有時間幫助你。因此我建議，在找到願意加入你的團隊的人之前，要磨練一些實際的商務經驗，不要得意忘形。

你會是下一個億萬富翁嗎？

只有一個人能回答這個問題：那就是你自己。只要有適當的團隊、適當的領導者和大膽創新的產品，沒有什麼是不可能的。

我一旦知道自己賺取的第一個一百萬美元的目標可能實現後，我就開始考慮下一個目標了。我知道我可以以大致相同的方式繼續賺到一千萬美元。但是，賺取十億美元就需要新的技巧和全新的思維方式。這就是為什麼儘管很多時候我還懷疑自己，但仍要設立目標的原因。一旦我有了確定目標的勇氣，我就要學習其他人成功的經驗。如果我沒有確定目標，我會認為它實現的可能性相當渺茫，也不會寫出這些令人歡迎、關於如何成為億萬富翁的書和文章。

幾年前，我負債累累時，認為自己成為一名百萬富翁是根本不可能的。那時，我並不認為先將目標訂下來再執行，比直接去執行那個目標更重要。可是一旦我制定了目標，我的意識就開始抓住一切可能的機會，利用一切可以利用的資源去尋找可能實現目標的方法。如果我當時真的認定自己當百萬富翁的目標不可能實現，我相信它會成為現實。

我確定了追求成為億萬富翁的目標後，自我懷疑就開始困擾著我，但同時富爸爸教給我的知識和技能，以及我的理性開始為我指明走向成功的道路。在我致力於這個目標的時候，我不斷地發現成為億萬富翁對我來說的可能性究竟有多大。我常常對自己重複這樣一句格言：

你認為你能，你就能；

你認為你不能，那你就不能。

無論如何，你都是正確的。

我不知道它的作者是誰，但是我要感謝想出這句話的人。

為什麼成為億萬富翁是可能的？

一旦，我確定要成為億萬富翁的目標後，我開始發現許多因素的存在，使你今天比過去任何時候都更有可能成為億萬富翁。

1、只透過一條電話線，網際網路就為我們中的大多數人創造了一個消費者的世界。

2、網際網路創造了比自身更多的商業機會。就好像亨利．福特透過大規模地生產汽車從而影響了更多公司的出現一樣。網際網路無限擴大的影響力，使地球上的六十億人都可能成為亨利．福特或是比爾．蓋茲。

3、過去，富人和有權勢的人控制著傳媒。隨著已經到來的科學技術發展，網際網路使我們每一個人，都好像擁有了自己能控制的廣播電台和電視台。

4、新發明觸發了更多的新發明。一種新技術的發明，會讓我們生活中的其他領域都隨之變得更先進。每一項新技術的應用，都會促使更多的人去發展更新的產品。

5、當更多的人變得富有時，他們會願意為新成立的公司投入愈來愈多的資金。這不僅是為了幫助那些新公司，也是為了分享盈利。今天，很多人都不相信這樣一個事實：那就是每年都有上百億的美元的資金在等待著，向那些新成立的高新技術公司投資。

6、創造新產品不一定需要很高的技術。星巴克僅靠一杯咖啡，就讓許多人變得富有起來。麥當勞憑藉漢堡包和炸雞，已經成為了最大的不動產持有者。

7、關鍵字是「低成本」（ephemeral）。在我看來，那個詞是對任何想要變得富有或非常富有的人來說，最為重要的一個詞。韋氏字典對它意思的解釋是：只持續一天，或者只維持非常短暫的時間的事物。

我的老師福勒博士在使用這個詞時的含義卻往往是「事半功倍」。一個更常用的詞是「槓桿」，或者叫做「低成本高產出的能力」。福勒博士說，人類可以在成本愈來愈低的同時，為愈來愈多的人創造出愈來愈多的財富。

換句話說，隨著所有這些新技術的發明，使得許多新興產業發展所需要的原材料實際上很少，我們每個人現在都有可能只用極少的時間和精力，賺到相當多的錢。

與「低成本」相對的是，有些人仍在花費大量的原材料和高負荷的體力勞動從事一些行將就木的傳統產業而不思變革，但是他們能賺到的錢卻會愈來愈少。也就是說，未來的財務世界屬於那些事倍功半的人。

我成為億萬富翁的計畫是什麼呢？

答案在「低成本」這個詞中找到了。要成為一名億萬富翁，我既要能滿足大多數人的需要，也要能適應少數人。我需要找到這樣一個領域：在目前它已經飽和、過度膨脹且效率很低，人們對它現有的體制不滿意，它的產品亟需改進。對我來說，符合要求且機會最好的這個行業，就是所有行業中最大的：教育業。如果你花點時間，想想那些花在教育和培訓上的金額，這個數目會讓你震驚。它還不包括花在公立學校、大學等上面的費用。當你把花在商業、軍隊、家庭和職業研討會上的經費與教育經費對比時，會發現這個數目實際上最大。但是長期以來，教育又是深陷於困境之中的一個行業，像我們所知道的那樣，它已過時，費用高昂，且應該有所改進。

幾年前，一個擔任國際外匯交易商的朋友送給我一篇摘自「經濟學人」網站的文章。下面是那篇文章的節選：

邁克．米爾肯（Michael Milken）曾經在一年內賺進五億美元的「垃圾債券」，現在正在創建世界上最大的教育公司之一——「知識空間」。科爾貝里．克拉維斯．羅伯茨（Kohlberg, Kravis and Roberts），一個曾經引起世界上管理層人士恐慌的產權買賣公司，也擁有一個叫做幼兒關懷的教育公司。在華爾街，分析家們正以令人喘不過氣的速度發表著報告，斷言教育業正在經歷私營化和合理化的巨大變革。

為什麼每個人都對教育領域突然變得這樣興奮？就是因為他們看到了教育產業和衛生保健業的相似之處。二十五年前，衛生保健業大多局限在公共和自願部門。而今天，它已成為了大規模的私營行業，其價值數以億萬計。許多富人，不僅是米爾肯和克拉維斯，還有華倫・巴菲特、保羅・艾倫（Paul Allen）、約翰・多爾（John Doerr）及薩姆・澤爾（Sam Zell），都打賭說教育業正沿著與此相同的方向發展。而一些傳統行業公司也正在對其投資，其中包括Sun、微軟、Oracle、蘋果、新力，Harcourt General和華盛頓郵報集團。

美國政府宣稱：一年中，國家花在教育上的經費總數達六千三百五十億美元，超過退休金和國防撥款，並預計在下一個十年內，花在每個學生身上的教育經費會增長40％。私營公司目前占有13％的教育市場，且大多數集中在培訓方面，它們充滿生機，並將不斷穩固發展。國際資料公司，做為一個專門的顧問機構，認為在二十年以後教育市場中私營公司將會增長25％。

文章繼續談到：

美國的公立學校正在讓家長們愈來愈失望，並已落後國際水平。美國從國民生產總值中花費在教育上的支出，比世界上多數的國家多得多，但結果卻並不理想。在標準化考試中，亞洲和歐洲的孩子們經常大敗他們的美國同齡學生。有超過40％的十歲美國孩子無法通過基礎閱讀測試；同時有四千兩百萬成人在某種程度上是現代文盲。造成這種結果的原因很多，其中很重要的一部分是因為：花費在每個孩子身上的六千五百美元有近一半被毫無意義的服務消耗掉了，而這其中大部分是由於產業老化，經營管理不當而造成的效率低下，卻花費巨大的管理經費。

現在公立和私立學校之間的障礙正在消失，企業家被允許進入政府機構的某些教育領域。有一千一百二十八個特許的學校有權嘗試由私人來管理學校，而不花政府一分錢。

不要驚訝，學校私營化的阻力也很大。教師工會對挑戰他們權力的人的反抗，已經給人們留下了深刻的印象。

不要去不想要你的地方

一九九六年，我將我設計的教育紙板遊戲「現金流」，推薦給一所有名的大學的老師，以徵求他們的回應意見。他們口頭上的答覆是：「我們不在學校裡做遊戲，也沒有興趣教年輕人如何賺錢，他們有更重要的課程要學習。」

因此從實際的商務經驗中我們得出結論，「不要去不想讓你去的地方。」也就是說，在需要你和你的產品的地方，你才會更容易賺到錢。

好消息是：愈來愈多的學校開始在課堂上使用我們這個遊戲做為教材。但最讓人高興的是，大家喜歡我們的東西。在那些想要促進公司發展和提高財務能力的個人當中，我們的遊戲銷售得非常好。

我終於得以畫好了這個圓。美國國際工商管理學院採用了《富爸爸，窮爸爸》、《富爸爸，有錢有理：財務自由之路》和「現金流」遊戲做為企業家課程的適用教材。這所大學的教育課程非常有名，並且得到國際上的承認。

回到計畫上來

我發現對資金管理、企業和投資課程的需求極大——原因是這些課程非常重要，卻而在學校裡沒有教授過。我預計在幾年內，大的股票市場會崩潰，其結果是許多人無法如願地拿到退休金。我相信大約在十年內，人們會大聲呼籲要求接受相關的財務教育。最近，聯邦政府也告誡美國人，不要一味地指望退休後的社會保障和醫療保險。不幸的是這消息對很多人來說已經太晚了，尤其是學校這樣一個傳統的教育機構，從來沒有教過他們如何賺錢。金和我想要提供的就是這樣一種教育——不論是用我們現有的產品還是透過網際網路，其花費都要比現有的教育機構所能提供的低廉而實用。

當我們準備好透過網際網路實施教育計畫時，我們就會變成一家高科技和網際網路公司，而不只是今天的出版公司。一旦我們可以以這種低成本，為更多人提供我們的產品，公司的價值就會成倍上升，因為我們能為國際市場提供更好的、更方便的和更便宜的商品。換句話說，我們可以花更少的錢和精力生產更多的商品，這是成為富翁和鉅富的訣竅。

這樣的話我就會成為億萬富翁嗎？我不知道，但我正在朝這個目標努力。如果我能做到又該怎麼做？我也不知道，因為答案尚未出現。但我知道一點：許多年來我一直抱怨學校沒有教給我任何關於金錢、生意或致富的知識。我經常覺得奇怪，他們為什麼不講授那些我一離開學校就會用到的課程，反而講一些我知道自己永遠也不會用的東西呢？後來有一天，一個人告訴我：「不要再抱怨，做點事情來改變它。」今天我確實在這麼做。因為我確信，如果我對沒有在學校學到如何致富的財務知識而感到不愉快的話，其他人也一定會有同樣的不滿，而這就是潛在的巨大市場需求。

概括說來，金和我無意和傳統的教育機構競爭，現有的教育機構設立的目的是將人們培養成為職員和專業人員。我們只是將我們低成本的產品，出售給那些需要我們產品的人，用以教育那些想要成為企業家擁有自己的公司，或是希望成為投資者而不是在其他人的公司裡工作的人，那才是我們的目標市場。我們把網際網路看作是實現這一目標的完美載體，而不是透過傳統的教育機構，這是我們的計畫，只有時間能告訴我們是否能夠實現我們的目標。

如果你渴望獲得財務自由、成為百萬富翁（甚至億萬富翁），我們公司非常樂意提供財務教育。

第四十一章　富人為什麼會破產？

我常聽人說：「等我賺夠錢，就不會有財務問題了。」實際上，他們新的財務問題才剛剛開始。有那麼多新興富翁突然破產的一個原因，就是因為他們用原有的管理資金習慣，去處理新形勢下的財務問題。

一九七七年，我開始了我的第一筆大生意——「維可牢」錢包。就像我在前面章節中提到的，資產的增值額遠遠大於創辦時的資產。幾年後，我又創建了另一個迅速增值的資產，它的資產再一次地比當初成立的時候增值了好幾倍，但我還是失去它。直到第三次創業時，我才領悟到了富爸爸反覆指導並要我學習的東西。

我的窮爸爸對我生意上的大起大落感到很震驚。他是一個慈愛的父親，看著我前一分鐘站在世界之顛，而後一分鐘卻跌入深淵，這對他來說實在太痛苦了。而富爸爸卻為我高興，在我兩次大的創業和失敗後，他說道：「大部分百萬富翁在成功之前都失去三個公司，而你現在只失去了兩個，那些普通人則從未失去一個公司，這就是為什麼10％的人掌握著90％的財富緣故。」

講完我如何賺進幾百萬又賠掉幾百萬的故事後，經常有人問我這樣一個重要的問題，「富人們為什麼會破產？」

我提出以下一些可能的原因，它們全都來自我個人的經驗。

第一個原因：那些在貧苦環境中長大的人，不懂得如何管理大量的金錢。

我已經說過，錢太多的問題和錢太少的問題一樣大。如果一個人沒有學過如何管理大額資金，並且沒有合適的金融顧問的話，那極有可能是將錢存在銀行裡或者乾脆賠掉它們。富爸爸說過：「金錢本身不會讓你變得富有。實際上金錢同時具有讓你變富和變窮的力量。大多數人有了一些錢後只會將它花掉，於是變得更窮甚至債台高築。這就是在有史來經濟發展最好的今天，仍然有這麼多破產報導的原因。這個問題的發生，也源自於人們得到錢後買下了他們誤認為是資產的東西，由此導致債務纏身。在以後幾年內，我確信許多今天年輕的百萬富翁和暴發戶將會陷入財務上的困境，因為他們明顯缺少管理資金的技能。」

第二個原因：當人們有了錢之後，愉快的情緒就會像毒品一樣讓人精神亢奮。

富爸爸說：「得到很多錢的時候，人們感到自己很聰明，事實上他們已經開始變得更愚蠢。他們認為自己擁有了全世界，便立刻出去開始花錢，就好像得用金子建造墳墓的塔特國王（King Tut）一樣。」

我的稅務顧問和註冊會計師戴爾尼．甘迺迪曾對我說：「我為許多有錢人做過顧問，他們賺了大把鈔票後就開始走向破產，在這之前，他們傾向於做三件事。第一件，買一架噴射式飛機或一艘大遊艇；第二件，他們去狩獵；第三件，和自己的妻子離婚，娶一個更年輕的女人。當看見這些事發生的時候，我就意識到他們開始為破產做準備了。」當然，這很像第一個原因：他們買進了負債，或者賣掉一份資產來買入一份負債，之後他們又會找到一份新的負債。現在，他們就有了兩份或更多的負債。

第三個原因：對許多人來說，當你愛的人向你借錢時要說「不」是最難的一件事。

雖然這種事還沒有發生在我的身上，但是我看見過當一個人突然變得富有後，就會和許多親戚朋友的關係發生破裂。就像富爸爸所說的：「在致富過程中，一個非常重要的技能，是學會向你自己和你所愛的人說『不』。」那些有錢後開始買遊艇和大房子的人是無法對自己說「不」，更不用說對他們的家人了。他們最後以負債累累收場，就是因為他們突然有了大量的錢而不會說「不」。

不僅人們在你有錢後會想向你借錢，而且銀行也想貸給你更多的錢，這就是為什麼人們常說：「銀行在你不需要錢的時候才會借給你。」如果情況變糟，不僅向朋友和親戚收回借款很困難，銀行也會不停地催促你償還貸款。

第四個原因：那些暴富者拿著錢搖身一變成為「投資者」，但是卻沒有一點投資知識和經驗。

我們再回到富爸爸的話題上來：當人們突然有了錢後，他們會認為他們的財商也提高了，但事實上卻是降低了。而且一個人一旦有了錢，他們會突然接到證券經紀人、不動產經紀人和投資經紀人的電話。富爸爸講過一個關於經紀人的笑話，「他們被稱作經紀人的原因，是因為他們比你還沒錢。」在這裡，我要向那些覺得被冒犯的經紀人道歉，但是我認為富爸爸的笑話最初來自於他的證券經紀人。

我家的一個朋友得到了三十五萬美元的遺產，然而在不到六個月的時間內，他將所有的錢都賠在了股市中。不是因為市場，而是因為經紀人攪昏了這個認為錢已讓自己變得更聰明的暴富者。在市場上，經紀人建議他定期買入、賣出，並在每一樁買和賣中抽取傭金，這種作法迫使顧客不恰當地增加了經紀人的傭金，因而是被明令禁止。如果經紀人協會發現經紀人涉及這類行為，會向其處以鉅額罰款，但是這種現象確實存在。

只是因為你手中有錢，並因此符合做為一名特許投資者的要求，並不意謂著你了解投資的任何事。

在今天熱絡的股票市場中，許多公司也像個人一樣盲目地投資。投入股市大量的資金，許多公司忙著購買他們希望能成為資產的其他的公司。在業內這被稱作兼併與收購。問題在於，這些新收購的公司中有許多都可能最終成為負債。通常盲目買下一個小公司的大公司往往以財務陷入困境收場。

第五個原因：患得患失。

大多時候，用窮人的眼光看有錢的人，會過著一種害怕貧窮的日子。而當財富從天而降的時候，對貧窮的恐懼不僅沒有減少，反而增加了。我的一個朋友，主要研究專業每日交易商的心理。他說：「你得到了你害怕的東西。」這就是為什麼許多職業投資者將心理學家列為團隊一員的原因，至少我是這麼做的。因為我也有和其他人一樣的恐懼。就像前面所說的，賠錢有很多種方式，不只是賠在投資市場上。

第六個原因：人們不知道好支出和壞支出的區別。

我常常接到我的會計師或稅務顧問的電話，說：「你必須買下另一份不動產。」換句話說，我的問題在於賺錢太多，而且我還需要不斷在不動產這樣的專案上投入更多的資金，因為我的退休金計畫中沒有很多錢。有錢人變得更有錢的一個原因，是因為他們能利用稅法的優惠政策進行更多的投資。其實是本該納稅的錢被用來購買另外的資產，這樣扣除掉了收入的一部分，也就合法地減少了應交的稅款。

對我來說，先前列出的四稜錐體是最重要的一個圖表，它和使財富保值增值一樣重要。當我把這個圖表給別人看時，人們經常問我為什麼支出是結構中的一部分。原因在於不管我們賺多少錢，能否恰當地控制支出，都會使我們變得更加富有或更加貧窮。富爸爸經常說：「如果你想知道一個人以後會變得更富有，還是更貧窮，只要看看他的財務報表中支出的數字就行了。」富爸爸認為支出非常重要，他常說，「支出使你富有，也會使你貧窮。一個明智的企業主和投資者，知道他們需要開銷哪一項支出，也知道如何控制開銷。」

「我能創造資產的主要原因，是因為我會增加好的支出。」一天富爸爸對我說，「普通人的支出往往是不好的。」區分清楚好支出和壞支出，是富爸爸成功創造資產的一個最重要的因素，因為他創造的資產能以支出的形式，買下其他別的資產並持續這樣的過程，當我還是小孩子的時候，曾經和他沿著海灘散步，看著他剛買下的一份昂貴的不動產，他對我說：「我個人也負擔不起這塊土地的費用，但我的公司可以。」

如果，你了解現有的對於B象限的稅法條款，你很快就會認識到有錢人變得更加有錢的一個原因，就在於稅法允許他們在納稅之前，用稅前的資金去建立、創造或購買其他的資產，而其他象限的人則不能這樣做。實際上，稅法幾乎就是要求你用稅前資金進行更多的投資，這就是為什麼我接到那麼多電話，要求我為了減少納稅，必須購買更多的不動產或收購其他的公司的原因，當然在我們這麼做的同時，也進一步促進了市場的繁榮。這也是政府如此規定稅收政策的原因所在。而另一方面，處於E象限的人用的則是稅後資金去建立、創造和購買其他的資產，這中間的差別是顯而易見的。

錢太多了怎麼辦？

「如果你想要致富的話，你就必須對如何賺到很多的錢有一個計畫，你還必須在賺到錢之前對怎樣打理這些錢有個打算。如果你沒有計畫，你失掉這些錢的速度常常會比你賺到它們的速度更快。」富爸爸讓我學習不動產投資的原因之一，是為了讓我在賺到錢之前，就了解怎樣投資不動產。

現在當我的會計師打電話告訴我：「你的收入太多了，你需要進行更多的投資時，我早想好了將錢投往何處、使用怎樣的運行機制及用它購買什麼資產。我會打電話給我的經紀人，讓他們購買更多的不動產。如果我買股票，我會打電話給財務策畫師，先買保險，然後再買股票、債券或共同基金。換句話說，保險業為那些富有的企業主提供了特殊的保險業務。當一個公司買了這種保險後，這對公司來說是一項開支，但是它也成為能給業主帶來許多稅收優惠的資產。也就是說，當我的會計師打來電話時，大量的資金已經按預定計畫花掉了，而且這些開銷會使我更富有、更安全。因此，對有錢人來說，財務顧問和保險代理人在團隊中的作用非常重要。

這些年來，我目睹了許多原本利潤很高的公司，最後卻以破產收場。為什麼呢？因為他們沒有管理好自己的消費支出。他們不是用錢購買其他的資產，譬如不動產或股票，而是將其消耗在無益的業務費，或是用來買更大的房子、漂亮的遊艇、汽車及結交新的朋友。他們在財務上沒有變得更強大，反而隨著賺到的錢花出去變得相當拮据。

硬幣的另一面

富爸爸經常：「透過支出欄，富人們看到了硬幣的另一面。大多數人認為支出是不好的，認為它使人們變窮。當你發現支出能使你致富的時候，你開始看到硬幣的另一面了。」他還說，「看支出欄就好像《愛麗絲夢遊仙境》中的愛麗絲，她透過鏡子，看到了鏡子裡面的奇異世界。」硬幣的兩面實際上對我來說沒有特殊意義，但是富爸爸說：「如果你想致富，你必須一分為二地看待硬幣兩面的希望、恐懼和幻想。」

改變窮人「高收入低支出」的思維

在一次與富爸爸的談話中，他談到了一些事，改變了我對由窮變富的看法。富爸爸對我說：「在制定好致富計畫和熟悉稅法和公司法之後，我能透過支出欄變得富有，而普通人卻在因為支出而變窮。這就是一些人變富，而另一些人窮困潦倒的最大的、也是最重要的原因之一。如果你想致富並保持下去的話，一定要控制好你的支出。」明白這些以後，你就會了解為什麼富爸爸要求「低收入高支出」，這正是致富之道。他說：「大多數人最後失去了錢，並走向破產，是因為他們仍以窮人的方式來思維，而窮人要的是高收入低支出。如果你不改變這種觀念的話，你就會活在害怕貧窮的陰影之中，並變得更加節儉，而不是透過提高自己的財務技能來使自己更富有。一旦你明白了為什麼有錢人要求『低收入高支出』，你就會開始看到硬幣的另一面。」

富人「低收入高支出」的金錢觀

最後這一段，是本書最重要的段落之一，實際上這本書一直圍繞著這一段來寫。如果你沒有弄明白，我建議你和看過這本書的朋友坐下來，討論一下以加深對本書內容的理解。我不期望你一定贊同本書的看法，只要你開始去思考這些問題就好了。你會開始認識到一個擁有財富的世界，認識到你如何才能成為那個世界中的一分子。富爸爸說：「那些在頭腦中沒有轉變金錢觀念的人，只看得到硬幣的一面。即使他們確實賺到一些錢，但仍有可能永遠看不到它的另一面，一個金錢充足的世界。」

了解現實世界確實存在金錢過剩，以及了解了一些稅法和公司法的知識，並了解了支出的重要性之後，你可以開始看到一個完全不同的世界、一個很少人看到的世界。假如你的看法可以改變，那麼你就會明白富爸爸總愛說的那句話，「我藉著支出變得更加富有，而普通人卻是藉由支出變得更加貧窮。」你要是明白了這句話，就會了解為什麼我認為在教育系統中教授財務知識十分重要。正因為這個原因，我的教育遊戲「現金流」旨在幫助你發現一個別人沒有看見過的世界。財務報表，和《愛麗絲夢遊仙境》中的那面鏡子很相像。在「現金流」這個遊戲中，玩家透過分析財務報表，並將這些技能應用於現實生活，可以從「老鼠賽跑」的怪圈中跳出來，進入特許投資者的「快車道」。

如何使「低收入高支出」行之有效？

就像富爸爸所說的：「金錢只是一個觀念。」最後的那幾段包含了一些非常重要的觀念。假如你完全理解了「低收入高支出」的益處，那麼繼續下去。如果沒有，請花點時間和讀過本書的人討論一下。這是本書的重點。它也解釋了許多有錢人破產的原因。因此，盡你最大的努力去理解這一點，因為如果你不能真正理解而只顧創建資產、賺更多的錢並沒有多大意義，最後你仍會失去。當我研究「90／10」的規律時，發現那些只擁有10％財富的90％的人都是「高收入低支出者」。那正是他們始終停留在他們已達到的地方甚至倒退的原因。

指導方針

問題在於，「怎樣透過低收入高支出讓你致富？」答案可以在那些智謀型投資者的身上找到，他們利用稅法和公司法的優惠政策，讓支出轉化為收入。

舉個例子，這是一個智謀型投資者正在制定的圖表：

10% 的人創造了 90% 的財富

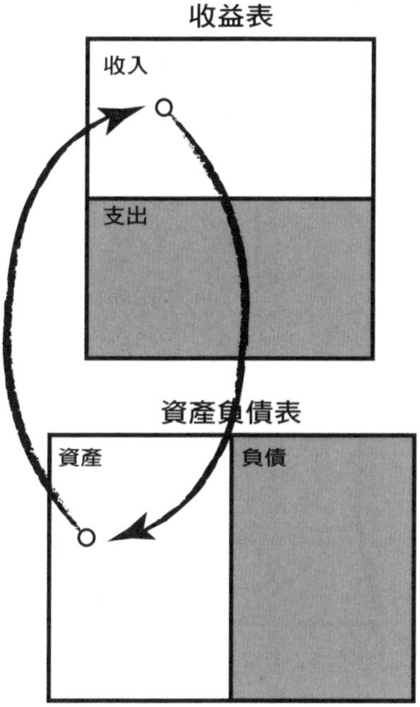

問題再次提出，「怎樣透過低收入高支出致富？」

假如你開始明白這麼做的過程和原因，那麼你就會發現一個愈來愈開闊、愈來愈富足的天地。

將上面的圖表和下面的圖表進行比較：

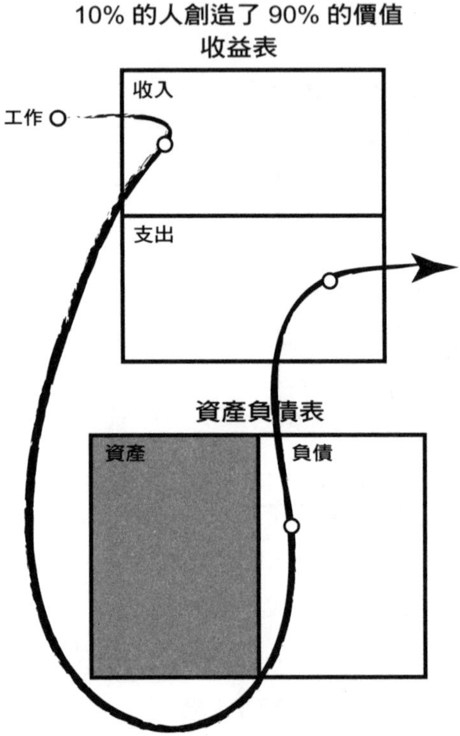

這是反映世界上大多數人財務狀況的圖表。換句話說，就是賺進錢之後又從支出欄花掉了，並且再也沒有回來。這就是為什麼那麼多的人努力省錢、節儉、減少開支的原因。這個圖表同樣適用於這樣一些人，他們強調「我的房子是資產」，即使這些錢已從開支欄出去，並且再也沒有回來，至少沒有立即回來。或者有人會說：「我每個月都在賠錢，但政府會為我的賠錢給予減免稅。」他們與其這樣說還不如說，「我透過投資和政府的稅收減免賺錢。」

富爸爸說：「在這個問題中，你可以發現應掌握的最重要的一點就是，同一個月中，你的支出返還成為收入的比率是多少？」富爸爸和我在這個話題上夜以繼日地探討過。了解了他的觀點之後，我看到了大部分人沒有接觸過的完全不同的世界。我看見了一個財富不斷增值的世界，這裡的人不像其他人那樣，一味地努力工作、賺錢、減少開支，所以請問自己同樣的問題，「同一個月中，你的開支返還成為收入的比率是多少？」假如你領悟到了，你應該能夠接觸到並創建出一個財富不斷增長的世界。如果在理解上有一定困難的話，你不妨找其他人討論一下，應該怎樣才能做到。如果能理解的話，你就會覺得它值得討論，你可能會願意經常閱讀並討論本書。實際上本書是寫來轉變人們觀念的，從金錢匱乏世界的思維方式轉變為創造一個金錢過剩的世界的思維方式。

網路行銷公司的價值是什麼？

當我和網路行銷公司的代表談話時，我經常對他們說：「你不知道你的網路行銷公司的價值所在。」我這麼說是因為許多這類公司，只看重一筆生意能帶來多少利潤。我經常告誡他們，重要的是他們能有多少稅前收入用於投資，而不是說能賺多少錢。E象限的人做不到這一點。就我看來，這卻是網路行銷公司最大的優勢之一。如果營運得當，一家網路行銷公司會使你比單純靠公司剩餘收入致富還富有。我有幾個朋友，他們在網路行銷上賺了上千萬美元，現在仍然破產了。我談及這一行業時，常常提醒網路行銷業的領導，他們工作的一個重要部分，不只是教育人們怎樣賺錢，同樣的是教育人們怎樣保住盈利，只有透過支出，他們才會最終變得富有。

為什麼多個公司比一個公司好？

不僅網路行銷業人士沒有認識到他們公司的價值，我看見過許多善於創業的企業家也沒有認識到他的企業的真正價值所在。發生這種情況的原因是「創建公司是為了出售」這個觀念的流行。智謀型投資者了解稅法和公司法，而公司業主們不了解。因此，他們不是創建公司以購買資產，而是經常建立一個公司，然後賣掉它，付完稅將現金存在銀行裡，又重新開始。

我有幾個朋友，他們創辦公司只是為了出售它。有兩個朋友已經賣掉了他們的公司，並得到了現款，但卻在下一次的商業投機中失去了所有的錢。他們失敗是由於90／10規律仍然在起作用。這兩個人是來自於S象限的個人，卻創建了B象限的公司，然後又將公司出售給B象限的人。購買者當然認識到了這個B象限公司的潛在價值。因此，出售公司的那些朋友最後破了產，儘管他們已經拿到了幾百萬美元，而他們創建的那個公司卻在繼續為新的所有者創造財富。

一個高明的公司所有人和投資者會盡他們最大的努力，讓公司留在自己手中的時間盡可能的長，讓它購買盡可能多的不變資產、付盡可能少的稅款，並同時保持盡可能多地資產，就像富爸爸所說：「我創建一個公司的主要原因，是為了讓它為我購買資產。」對於許多創業者來說，他們創建的那個公司是他們唯一的資產，因為他們採用的是單一公司策略，因而不能充分發揮多公司投資策略的作用（再次提一下，採用這種策略需要一批專業顧問）。這裡再次指出B象限的極大優勢，就是可利用適用於這一象限的稅法，以稅前收入投資，從而使自己更加富有。實際上這是法律因你盡可能地進行投資而給予的回報。

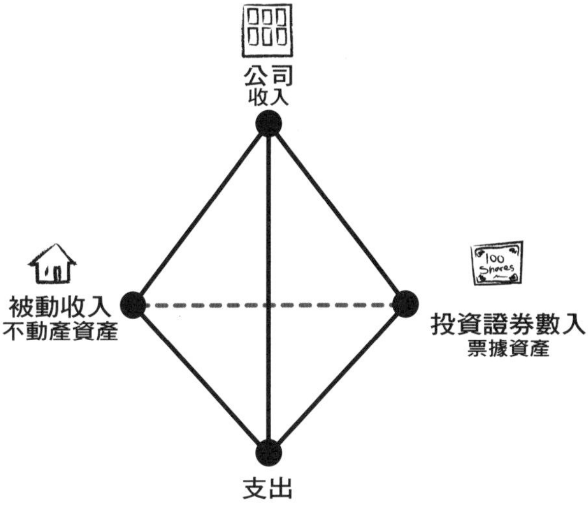

支出的力量

這就是為什麼支出既能成為資產、又能成為負債（不管你賺了多少錢）的原因。90％的人只占有10％的財富的一個原因，是他們不知道怎樣去花掉他們賺的錢。富爸爸說過：「有錢人有辦法將垃圾變成金錢，其他人則是將金子變成垃圾。」

「為什麼富人會破產？」這個問題的答案是什麼呢？「這原因和窮人仍然貧窮，中產階級在溫飽線上繼續掙扎的原因相同。」有錢人、窮人和中產階級破產，都是因為他們無法控制自己的支出。他們沒有透過支出使自己變得富有，而是因為支出變得一貧如洗。

第五部分　回饋社會

第四十二章　你做好財富回饋的準備嗎？

投資者第十個控制能力：財富回饋

最近，我的一個高中同學丹路過我所在的小鎮，問我要不要一起打高爾夫球。丹是個高爾夫球高手，而我好幾個月沒玩了。因此剛開始我猶豫了一下。但想到打球可以一起消磨時間，並重溫往日情誼，而不單純為了爭奪一場高爾夫球比賽的輸贏，我便答應了。

丹的高爾夫球技讓我感到很丟臉，坐在球場中的高爾夫球車上，我們的談話轉移到了各自這段時間在做什麼。當我告訴丹我已經退休，正在籌建兩個公司，一家上市公司、一家私營公司時，他勃然大怒。憤怒使他口不擇言，咒罵我貪婪，只想到自己而剝削窮人。我努力保持冷靜，但是一個鐘頭之後，我再也忍不住了。最後我問他：「是什麼讓你認為富人是貪婪的呢？」

他回答說：「因為我整天面對那些窮人，我從沒有看到富人為他們做過些什麼。」丹是一個專門為那些請不起律師的窮人提供法律幫助的律師。「貧富差距愈來愈大，而這種狀況並沒什麼改善。現在有些家庭甚至已經失去了擺脫貧困生活的希望。他們看不到夢想，而美好的夢想正是美國的基石。還有像你這樣的傢伙賺的錢愈來愈多。你能想到這些嗎？開公司，賺大錢……你已經變得和邁克的爸爸一樣壞了……一個只知道賺錢的貪婪富人。」

隨著比賽的進行，丹的情緒平靜下來，最後在比賽結束時，我們約定第二天在飯店的餐廳裡見面，我會拿出一些正在做的東西給他看。

第二天，我拿給丹看我的遊戲。「這紙板遊戲是關於什麼的？」等我們坐下後，丹問我。

我向他展示了那個遊戲，並向他解釋我的「貧窮是由於缺乏教育」的理論，「那是一種後天習得的能力，」我說，「只有在家庭中才能學會。因為學校沒有教你金錢方面的知識，所以只好在家中學習了。」

「那這個遊戲要教些什麼呢？」丹問道。

「它教授財務知識中的專業用語和技巧，」我說，「在我看來，語言是人類擁有的最有力的工具或財富。因為資訊影響我們的大腦，而我們的大腦又改造著現實世界。許多人的問題是當他們離開了家庭和學校時，還從來沒有學過和了解到關於金錢方面的專業用語……結果導致一生都在為錢而苦苦奮鬥。」

當女服務生為我們添咖啡時，丹仔細研究了這個色彩豐富的遊戲，「那麼你計畫靠這個使窮人們結束貧困嗎？」他挖苦地問道。

「不，」我輕輕地笑了，「我沒有那麼天真樂觀。我設計這個遊戲，主要為了那些想成為公司老闆和投資者的人。現金流管理是任何想致富的人所必備的一項基本技能。」

「那麼你設計它的目的是為了那些想致富的人，而不是為了窮人？」丹的話又開始含怒了。

看著他的情緒反應，我又忍不住笑了起來，「不、不、不，」我說，「我設計這個遊戲沒有把窮人排除在外。我再強調一次，我創立這個教育計畫的目標是針對那些想致富的人，不管他現在是窮是富。」

丹的表情看起來緩和了一些，雖然只是一點點。

「確實，」我溫和地說道，「我的產品是為那些想致富的人設計的。」我又重複了一次，「但首先得他們自己想變得富有，否則，不管他們是誰或他們的經濟地位如何，我的產品都幫不了他們。我的產品也不一定能幫助富人和中產階級，除非他們自己想變得更加富有。」

丹坐在那兒不斷地搖頭，他的怒火又高漲了。最後他說道：「你的意思是說我用了幾乎一生的時間，去幫助別人之後，實際上我沒有幫到他們嗎？」

「不，我不是那個意思。」我說，「我不能評論你做的事情或你的作用，何況那也不是我能評判的。」

「那你是什麼意思？」丹問道。

「我是說除非人們自己想讓自己擺脫困境，否則誰也幫不了他們。」我說，「如果人們對致富沒有興趣，我的產品就沒有價值。」

丹坐在那裡靜靜地領會我試圖講述的差別。「在司法界和法律援助工作中，我經常給人們提出一些建議。許多人不採納它。」丹說道，「一、兩年後我再見到他們，情況仍是老樣子。他們又被關進監獄，或者再次以家庭暴力及其他什麼罪名被起訴。你就是這個意思吧？除非人們真心地意識到並想要改變他們的生活狀況，否則別人的任何建議都是不會起作用的。」

「我是這個意思。」我說，「這就是為什麼最科學的食譜和鍛鍊都不能有減肥的效果，除非他們真真正正地想減肥。同樣的道理，讓一個對這門課程根本不感興趣的學生坐在教室裡學習，常常只是在浪費時間，而且會影響其他人。教一個對學習沒有興趣的人很困難。例如我對學習摔跤沒有興趣，你就不能強迫我去學。但我對高爾夫球不一樣，我願意努力地學，每天用幾個小時練習，花很多錢去學它，這一切都因為我想學。」

丹坐在那裡點點頭並說：「我明白了。」

「但我還沒有給你看這個計畫中關於致富的那方面。」我說，「我想讓你看看富爸爸是怎樣教育我和邁克關於慷慨和財富回報的。」

在接下來的十分鐘裡，我向丹說明了富爸爸計畫中的第五個部分，我向他指出慷慨和慈善是富爸爸計畫中的一大部分。當我回到遊戲時，我對丹說：「邁克的爸爸教給我們財富和金錢的五個不同部分。第五部分是在你賺錢之後有回報的義務，邁克的爸爸始終堅信，賺了錢並將它存起來，是對金錢力量的誤用。」

「所以，你將邁克爸爸的計畫中的第五部分放在了你的教育計畫之中？」丹有點懷疑地問道，「你的教育計畫不僅教會人們致富，而且還教會人們慷慨？」

我點頭道：「它的確是我計畫的一部分，一個非常重要的部分。」

丹和邁克與我一塊長大，他知道富爸爸是誰。他聽說過我從越南回來後與富爸爸一起草擬過的那份投資計畫。丹意識到我是禁受過怎樣的磨難，才學會了做一個公司老闆和投資者的。因此，當我說到在第三和第四部分，我為一些公司投資並變得更有錢時，他沒有對我發火。現在，他正在聽我講第五部分。

「我說過，第五個部分有可能是富爸爸計畫中最重要的一個階段，我特意將它列入這個遊戲之中。」我說。

「那什麼是第五個部分？」丹問道，「你在遊戲板指給我看。」

於是我就指出遊戲中「快車道」上的粉色方塊給他看。遊戲包括兩條不同的路線。一條環形路線在內部，稱作「老鼠賽跑」；一條矩形路線在外部，稱作「快車道」，富人們就在這裡投資。「這些粉色的方塊就是第五個部分。」我指著其中一個方塊說道。

「建一座兒童圖書館。」丹讀著我手指指著的角落上的方塊上的字，大聲地念了出來。然後我指向另一個方塊。

「建一所癌症研究中心。」丹高聲念道。

「這一塊也是。」我說著，手指移開指向了另一個方塊。

「信仰。」丹讀著我手指所在處的下面一行小字，說道。

「你是把慈善方塊編入快車道？」丹問道，「把布施引入巨富們的投資路線中？」

我點點頭說：「是的，在快車道上有兩個夢想，滿足個人的奢欲，和用你的額外財富為人類創造一個更好的世界。」

丹緩緩地搖頭道：「你是說邁克的爸爸在教你和邁克如何致富的同時，也教你們做好慈善工作。」

我點點頭，手指迅速地劃過遊戲板的「快車道」上那些代表慈善事業的方塊並說：「富爸爸說，一個投資者應該掌握的一項最重要的技能是將他的大部分財富回饋給社會。」

「他是一個出了名的貪婪有錢人。」丹說，「許多人對他評價很糟，認為他太貪心。」

「大多數人是這麼想。」我答道，「但我和邁克了解的不同。他賺的錢愈多，送出去的錢也愈多，只是他從不願引人注意。」

「這些我不知道。」丹說，「難道他晚年一直在把自己積蓄的全部的財富回報給社會嗎？」

「當然不是全部。」我笑道，「他還要留一些給他的孩子們。我想強調的是許多人都抱有這種看法，認為富人們很貪婪。這種看法蒙蔽了他們的雙眼，讓他們看不清事實和現實，我承認的確有很多人有錢卻缺乏道德，但並不是所有的富人都那麼貪婪。如果你睜開眼睛看看，會發現那些鉅富們為社會做出了巨大的經濟貢獻：看看安德魯．卡內基透過興建圖書館做出的回報，看看亨利．福特的『福特基金』、洛克菲勒籌集了『洛克菲勒基金』。我的偶像『量子基金』創始人喬治．索羅斯，現在正投入鉅額資金，希望能建立一個全球化的組織，以增進國家間更多的了解。但是我們經常聽到的只是政治家談論的關於他和他的對沖基金引來的麻煩事。」

「洛克菲勒不僅籌建慈善基金，他還大舉捐資給芝加哥大學，而且帶動許多有錢的校友也向母校捐款。還有許多超級富豪們建立了他們自己的高等教育學院，譬如史丹佛（Stanford）建立了史丹佛大學、杜克（Duke）建立了杜克大學。富翁們對高等教育總是很慷慨的。」

「范德比大學（Vanderbilt University）就是由一個非常富有的企業家創建的。」丹補充道。

「我知道富翁們透過投資創造了工作機會，提供食物和公共設施，讓人們生活得好一點。而你現在告訴我的是，他們常常將財富回饋給社會。」丹說。

「那正是我所說的。」我回答，「但仍然有許多人只看到某些富人貪婪的那一面，我知道有的富人很貪婪，但是也有貪婪的窮人。」

「因此你的富爸爸又把財富回報給了社會。」丹重複道。

「是的，」我回答，「據我所知在投資的所有階段中唯有第五部分最讓他快樂的。此外，從事慈善活動使他的支出增加、收入減少，並使他穿過了那面鏡子。」

「什麼？」丹被弄糊塗了，有些結結巴巴的，「什麼鏡子？」

「沒什麼，」我說，「你只要知道慷慨比任何方式都讓他開心就行了。」

「他做了些什麼？」丹問。

「因為他自己的父親死於癌症，所以富爸爸在基金中拿出了一筆鉅款來從事癌症研究工作。他還在一家小的鄉村醫院建立了癌症病房，這樣村民們在所愛的人生病住院時，也可以接近他們。做為一個非常虔誠的教徒，他還為教堂修建了一棟教學樓，這樣教堂就能為孩子們開辦一所更大的週日學校。他贊助藝術事業，在為博物館捐款的同時，還收購許多有才華卻暫時生活困窘的藝術家們的作品。最棒的是他建立的基金被管理得非常好，即使在他去世以後，還能繼續盈利和不斷捐款，所以說，在他死後，他仍然在為社會做著巨大的貢獻。他的信託財產和基金，在未來還會為許多有價值的事業提供資金支援。」

「他計畫在活著的時候賺很多錢，也打算在死後財源滾滾。」

「他的確有這個計畫。」我回答道。

「所以你的遊戲『現金流』，確確實實地包括了你富爸爸教給你的所有東西。他教會你如何賺錢和如何回報社會。」丹說。

「我盡自己最大的努力，將富爸爸教給我的關於財富的重要知識融入這個遊戲中。回饋的重要性是他教給我的東西之一。」我答道，「他教我如何去獲取財富，如何控制好回饋。」

「我希望有更多的人這樣做。」丹說。

「噢，會有更多的人回饋社會的。」我說，「你只要看看在『生育高峰期』出生的這一代人。在六〇年代他們中的許多人都是嬉皮，而在今天他們正迅速成為百萬富翁。多年來做為經濟革命一部分的他們，正致力於『現金流』的管理。這些舊日的嬉皮們和那一代中的其他人大多具有強烈的社會責任感。財富加上理想，他們將會成為世界上一支金融、政治、社會領域的生力軍。我認為他們會去做那些我們的政府無力負擔的慈善事業。他們中的許多富翁會完成他們在貧窮時想完成的心願……而且今天他們的確很富有。」

「是什麼讓你認為他們會慷慨解囊的？」丹問道。

「因為已經發生了。」我回答道，「泰德．透納承諾向聯合國捐款十億美元，還指責其他像比爾．蓋茲這樣的人不夠大方。這一批判提出不到三年，比爾．蓋茲一個人就為各項慈善事業捐款四十億美元……蓋茲還很年輕。你能想像他在以後幾十年中會有多少捐款嗎？」

「但這不是因為他正在和聯邦政府打官司吧？」丹問道，「他捐錢不只是為了使自己形象變得良好嗎？」

「嗯，許多記者愛在他們的文章中指出這一點，關於他的慷慨背後的『目的』。但是讓我問你一個問題，有多少記者捐過四十億美元的款呢？」我平靜地問道，「事實是，僅在一九九九年，比爾．蓋茲就讓他的全職工作人員捐款三億兩千五百萬美元。又有多少記者在一九九九年捐了三億兩千五百萬美元呢？所以即使他這一舉動的勇氣來自於透納的激將法，事實仍然是他捐了款，為社會做了貢獻。事實就是這些富有的在『生育高峰期』出生的企業家們會相互施壓，讓對方無法吝嗇。為富不仁，會被看不起。」

「那麼邁克的爸爸是一個慷慨的人，他教你和邁克學會大方。」

我點頭，「即使鎮上的許多人因為他的富有而批評他，他仍然暗中捐款。慷慨在讓他快樂的同時，也給了他獨到的商業眼光。」

「我真的不知道這些。」丹輕聲說道，語調中幾乎是帶著一種敬意，已經對富爸爸有了不同的看法，「捐款讓他快樂嗎？」

我點點頭，「在他生命的後來那些年裡，我在他身上看到了以前從沒看見過的平靜，他在一生中做過許多善事，也願意繼續做下去直到生命終結。他的人生是無憾的。」

「哦？」

「他讓邁克和我感到非常驕傲。」我繼續說，「他也說過他知道我更像我的窮爸爸。他了解我適合做一名教師，並希望我能把他教給我的知識傳授給別人。他想要我同時像自己的兩個爸爸……一個富翁，同時也是一名教師。」

「你做到了嗎？」丹問。

「還沒有，」我答道，「還沒有完全做到。他總是擔心我會放棄沿著這條路走下去。他擔心我不能持之以恆地將我的投資計畫變成現實，那意謂著我的『財務夢想』無法實現。他總是擔心我會半途而廢，去做那些容易而不必要的工作。」

「然後？」

「堅持向前，堅持做你自己的事情，始終要忠實於自己的理想，那麼你所有的夢想都會成為現實。」我輕聲地說道，「那是他給我的最後一個意見。」

我仍沉浸在對往日的追憶之中，丹問道：「那你所有的夢想都成為了現實嗎？」

「大部分。」我回答，「我仍想成為終極投資者，而且我們剛剛建立我們的基金。」

「什麼基金？」他問道。

「當金和我創建富爸爸公司的時候，我們的使命就是『提高人類的財務健全』。」

「那是一個非常積極的使命。」丹說著，並揚起了眉毛。

「我知道你會說什麼，每天我們都在完成這一使命。每天我們都會接到那些開始行動改善他們財務狀況的人的電話、信件和電子郵件。人們使用我們的產品的良好反應，使我們精神振奮。每次聽到有人的經濟狀況改善了，我們就覺得又在完成自己使命的道路上前進了一步。」

「那基金呢？」丹又問。

「我們建立了『財務教育基金』，這樣就有了一個不以盈利為目的的實體，來進行捐贈活動。我們的學生和顧客這樣眷顧我們，讓我們想更多地回報他們，這個基金將盡力援助其他機構教授理財知識。例如在印第安那有一名高中教師教授『現金流』成人版和高級版給他的學生們。他幫助我們設計了一套其他教師也可以在課堂上使用的課程。今年春天，他打算把他的高中學生送到小學去，教那些小學生們使用為孩子們設計的『現金流』遊戲。實際上，我們也在亞利桑那州的塔克森男孩、女孩俱樂部中，讓年長的孩子教那些年幼的孩子玩『現金流』遊戲。讓孩子教育孩子的這個想法讓我們相當振奮，並希望能在世界上廣泛推廣這個方案。這個基金可以幫助這一方案的實施。」

「羅勃特，這聽起來太棒了。看見你精力充沛地做善事，我真高興。」丹說道。

「我們仍在發展這個基金和它的專案。並去援助任何我們能提供財力支援的地方。金和我得老天眷顧得以成功，我們希望能幫助更多的人學習理財知識，想方法回饋社會。」

總結　用財富來創造財富

最近在幫一個投資輔導班上課時，有人問我：「能不能向我推薦一個可投資的網際網路公司？」

我答道：「為什麼要為別人的網際網路公司投資呢？為什麼你不創建你自己的公司，讓別人來投資呢？」

在本書的前面提到了，有許多關於投資的書講的是怎樣購買資產。那麼為什麼不再花點時間考慮如何去創建一份資產呢？我這麼說，是因為建立自己的資產絕不會比購買資產更困難。

這個世界十歲了

一九九八年十月十一日，美林銀行在美國的幾家大報紙上刊登了一幅整版廣告，宣稱這個世界只有十歲。為什麼只有十歲呢？因為自從柏林圍牆拆除到現在大約有十年。一些經濟歷史學家把柏林圍牆的拆除這一重大事件做為標誌，認為它標誌著工業時代的結束和資訊時代的開端。

直到資訊時代來臨，大多數人都還在以局外人的身分進行投資。既然這個世界才剛剛超過十歲，愈來愈多的人正在試著從內部而不是從外部投資，那麼我想要問的是，「為什麼投資別人的公司？為什麼不創建自己的公司？」我的意思是：現在是資訊時代，所以為什麼要做外部投資者而不是內部投資者？

三個時代

在農耕時代，富人是那些擁有能俯瞰大片肥沃農田的城堡主。我們知道他們被叫做君主和貴族。如果你沒有出生在這個群體中，那麼你就是平民，也就沒有什麼機會成為當權者。90／10的規律控制著人們的生活，因此，有10％的人因為婚姻、生育和征服的緣故能夠掌權；其他的90％人成為奴隸或農民，耕耘土地而一無所有。

在農耕時代，如果你規規矩矩、努力工作，人們會尊敬你，勤勞的觀念由父母傳給孩子。由於90％的人們努力工作來供養餘下的10％的人，但這些人似乎終日遊手好閒，因此這些人開始成為眾矢之的，而這一觀念也同樣從父母傳給孩子，慢慢變成普遍的思想，代代相傳下來。

然後，工業時代來臨。財富不再是農田，而是不動產。但建築物、工廠、倉庫、礦產和工人住宅的改造仍受到土地的限制。突然之間，富饒肥沃的農田開始跌價。事實上，是一件有趣的事發生了：即岩石地的作用日益顯現。肥沃土地的價值比不上不易耕種的岩石地，只是因為岩石地可以容納像摩天大樓、工廠這些更高更大型的建築物，並且還常常蘊藏著石油、鐵和銅這類推動工業時代發展的資源。當工業時代來臨時，許多農民的實際收益降低了，為了維持生活，他們不得不更加努力地勞作，耕種比以前更多的土地。

在工業時代，去學校學習然後找工作的觀念開始流行。在農耕時代，正統的教育不是必要的，因為職業技能可以由父母傳授給孩子，例如麵包師教他們的孩子也做麵包師，以此類推。接近這個時代末時，「工作」或「一份賴以謀生的工作」的概念變得很普通。你去學校念書，得到一份賴以謀生的工作，在公司或者社會團體中拚命工作向上爬，當你退休以後，公司和政府會照顧你的生活需要。

在工業時代，那些不是貴族出身的人也可以變得有錢有權。白手起家的傳奇故事驅策著野心家們。創業者們可以由一無所有成為億萬富翁。當亨利・福特決定大規模地生產汽車時，他發現在工業的發祥地底特律附近（當時只是一個小鎮），有一些農民們不想要的廉價岩石地。後來福特家族把他們的汽車王國建在了那塊廉價土地上，並在實質上成為了新貴族，每一個和他們一起做生意的人，也變成了富有的新貴族。這些新名字變得和國王與王后的名字一樣響亮，就像洛克菲勒、史丹佛和卡內基。人們經常在蔑視他們的財富和權勢的同時，對他們肅然起敬。

工業時代仍和農耕時代一樣，只有一少部分人掌握著大部分的財富。雖然在這個時代，有10％的人不是因為出身高貴，而是依靠自身能力成為富人，但90／10的規律仍然成立。它能起作用的原因是：創造和管理財富除了需要大筆資金、人力、土地、建設能力和經營管理的能力之外，還需要巨大的努力和協調能力。例如：建立一個資本密集型的汽車公司或石油、礦業公司，要花費鉅額資金、占用大片土地和雇用許多受過正規教育的具有聰明才智的人才。除此之外，你經常得長年累月地接受官僚們制定的繁文縟節考驗，譬如環境保護法、貿易協定、勞動法等等。在工業時代，大多數人的生活水準有所提高，但真正的財富控制權仍在少數人的手中。

90／10的規律改變了

當柏林圍牆拆除和網際網路建立後，許多規律發生了變化。最重要的一個改變是：90／10規律的改變。雖然好像仍只有10％的人能掌握90％財富，但是成為那10％的人的道路和機會卻發生了改變。網路使加入那10％的人需要花的代價發生了改變。今天不再像在農耕時代那樣，你必須出身於貴族家庭，也不再像工業時代那樣，需要鉅額資金、土地和人才的投入，才能成為那10％的人。加入10％的代價，在今天就是思想，而思想是免費的。

在資訊時代，需要的只是能使你變得非常非常富有的資訊和思想。因此，一個今年在經濟世界名不見經傳的人，有可能明年就會出現在世界級富豪的排行榜上。這類人常常後來居上，超過了那些成年累月積累財富的人。就像從沒有工作過的大學生成為了億萬富翁，而高中生們又會超過與他們同時代的大學生們。

在九〇年代早期，我曾讀過一篇文章，「許多俄國人抱怨他們的政黨扼殺了他們的創造力。現在他們的政黨統治已經結束，許多俄國人卻發現他們還是沒有創造力。」我個人認為，我們所有的人都有一個獨一無二的、卓越的創造性思想，它可以轉化為資產。俄國人的問題，也是世界上大多數人的問題，其關鍵是沒有富爸爸這樣的人指導他們理解「B－I三角形」的作用。所以我覺得教會更多的人成為創業者，教會他們如何實施自己獨一無二的構想，並將它們變成能創造財富的商機，是非常重要的。如果我們這樣去做，我們的財富就會隨著資訊化時代的前進而不斷增長。

在世界歷史的這個非常時期的開端，財富的90／10規律可能不再適用。人們不再必須經由花錢去賺錢、不再必須憑藉廣闊的土地和資源來致富、不再必須依靠處於高位的朋友來變得富有。你的家人是否是乘坐「五月花」號來到美洲大陸已不再重要，你上哪一所大學，你的性別、種族及信仰哪一個宗教也已經無關緊要了。在今天只需要思想。就像富爸爸所經常說：「思想即財富。」但是對一些人來說，最難改變的就是陳舊的觀念和思想。有一句老話是，「你不能教會老狗玩新把戲。」我認為更貼近的說法是，「你是教不會一個因循守舊的人去接受新東西的，不論他們年輕，還是年老。」

所以，當有人問我「你會投資哪個網際網路公司」時，我仍然回答：「為什麼不投資你自己的網際網路公司呢？」我不是一定要提問者去創建一個公司，我所做的一切只是要他們去換個角度思考，思考建立他們自己公司的可能性。實際上，當人們去考慮創建他們自己的B象限公司時，他們的思維就從繁重的工作和物質的限制中，轉向了去獲取無限財富的可能性中。獲取財富的成本只是思想，而我們正處於充滿思想的時代中。我不是在建議這些人們放棄他們的工作，立即去開辦公司，事實上，我認為盲目行動並不明智。但是，我希望他們在繼續做他們的全職工作時，能夠開始關注自己的事業，並在業餘時間開始自己的業務。

挑戰舊觀念

在今天的股票市場上，你經常會聽到公告人說：「舊經濟對抗新經濟。」在很大程度上，跟不上時代的人正是那些繼續沿用與新經濟觀念相對抗的舊經濟觀念的人。

富爸爸不斷地提醒邁克和我，金錢就是一種思想。他還告誡我們要保持高度警覺，留意我們的思想，並在它們需要改進時及時改進。因為那時候我還年輕，缺乏經驗，所以並沒有完全領悟到他的意思。現在當我變得年長和明智後，對他「挑戰舊觀念」的這一忠告佩服得五體投地。就像富爸爸說過：「今天對你來說是正確的，在明天就可能成為錯誤。」

亞馬遜網路公司，沒有任何盈利和不動產，但我們每個人都看到它在股票市場上的成長速度和價值比許多公認的零售企業，如希爾斯（Sears）、J.C.Penny等更快更高。一個新的無盈利的網際網路零售企業，比那些屬於工業時代擁有穩定利潤、多年經驗和大量不動產的零售企業更有價值（更不要說與農業時代貴族們的財產相比了）。其原因就是它不需要數額龐大的不動產、資金和人力。在資訊時代，工業時代的零售企業價值開始下跌。你常常聽見人們說：「規則已經改變了。」當愈來愈多的網際網路公司，以更低的價格出售同樣的產品來爭奪利潤時，我就在想未來這些傳統的零售企業和他們的投資者將用什麼來支撐呢？換句話說，雖然亞馬遜公司今天不盈利，但是它正在介入並奪取那些現在盈利的公司的利潤。在將來，工作保障、薪水增加、職員福利和投資者的忠誠意謂著什麼呢？不動產的價值會發生怎樣的變化呢？只有時間能回答這一切。

我認為許多新的網際網路公司將會倒閉，給投資者造成上億元的經濟損失。他們倒閉是因為一家公司能生存下去的最終原因，還是利潤和淨現金流。但是同時也會有許多工業時代的公司，因為與沒有不動產的網上零售企業的價格競爭失敗而倒閉。我最近聽到一位傳統商業領域的零售商說：「我們會使購物成為一種娛樂。」這種想法的問題在於，讓購物成為娛樂的代價高昂，而許多購物者會來享受這種娛樂，但仍舊在網上去搜尋和購買更為廉價的商品。

我有一個親密的朋友，做我的旅行代理人很多年了。但是這段時間以來，她不得不向我收取訂票的費用，因為航空公司已經停止為她售票付傭金。她不得不解雇幾個忠心耿耿的員工，並且還在擔心我會在網上去訂購價格更低的機票。也是在這段時間，有個不是旅行代理人、也不受旅遊業法規約束的人，創建了一個網路公司叫做「價格線」網。一夜之間，「價格線」公司的創始人傑．渥克憑藉著一個創新構想，進入了「富比士」排行榜，並成為了世界上最富有的四百人之一，這一構想就是拍賣一件「垃圾」商品——眾所周知的航線中的空位。

他幹這行僅幾年，但他變富了。而我的朋友卻在解雇員工，並指望由於她的努力工作和良好服務能留住老顧客們，我完全相信她會做得很好，但是她幾年前開始希望成為「退休安全網」的業務，正變成一份沒有保證的全職工作，而且當她準備退休時，這份工作可能已經沒有任何價值了。

事情發生了變化

既然不必用錢去賺錢，那麼為什麼不走出去賺錢呢？為什麼不去找投資者為你的創新構想投資，並讓大家都變得富有呢？答案是：因為陳舊的觀念常常會阻礙你前進。

就像美林銀行宣稱的那樣，「世界只有十歲。」那麼，改變你的想法還不晚，如果你還沒有開始自己的事業，就要開始去追上時代的腳步了。但有的時候，最難改變的就是陳舊的觀念。下面列出的是一些有必要改進的陳腐觀念，雖然它們已經傳了一代又一代。

1、「做規規矩矩的、努力工作的人。」

今天的現實是：從事體力勞動最辛苦的人，報酬最低，繳稅最多。我不是說不要努力工作，我所說的是我們需要不斷地向我們的老觀念挑戰，可能的話，需要重新考慮一些新的東西。考慮在業餘時間為自己的業務努力工作吧！

我們不應該只位於一個象限之中，而需要對「現金流象限」的四個象限都非常熟悉。畢竟我們處於資訊時代，一生中只為一份工作而努力，已經是陳腐的觀念。

2、「悠閒的富人非常懶惰。」

事實是你在工作中花費的體力勞動愈少，你成為富人的機會就愈大。再強調一下，我不是說不要努力工作，我的建議是：在今天我們都需要學會，更多以智力而不是單純靠體力來賺錢。那些錢賺得最多的人們體力勞動最少，這是因為他們是為被動收入和證券組合收入工作，而不是賺取某一份工資收入。到現在你應該明白，一個真正的投資者所做的，是將工資收入轉化成為被動收入和證券組合收入。

在我看來，今天悠閒的富人們並不懶惰，只不過是他們的錢在為他們努力地工作。如果你想加入10%的群體，你必須學會更多地靠腦力而不是體力賺錢。

3、「上學然後找份工作。」

工業時代，人們在六十五歲退休，因為他們常常由於精疲力竭而無法搬動輪胎，也無法在生產線上把引擎裝配到汽車上。今天，因為資訊和技術發展如此之快，如果你在技術上已經落伍，十八個月甚至更快，你就會面臨被淘汰。許多人說今天的學生，從學校剛一畢業，技術就已經過時了。現在看來，富爸爸的觀點，「學校中學到的知識很重要，社會知識同樣重要。」可能更加符合社會現實情況。我們所處在的是一個自學的社會，不再是從父母那裡習得知識（譬如在農耕時代），或者從學校中學到知識（譬如在工業時代）。當然，從學校學到一些基礎性的知識也是重要的，但我們必須看到在今天，孩子們正在教他們的父母使用電腦，許多公司也正在更多地招聘有高技術的年輕人，而不用那些有大學學歷的中年人當經理。

要想繼續站在時代的前端，從學校和社會中汲取知識仍然極為重要。和年輕人談話時，我建議他們學習職業運動員和大學教授的思維方式。職業運動員明白：一旦更年輕的運動員超過了他們，他們的職業生涯就會結束。大學教授們知道：如果他們不斷學習，那麼年齡愈大，他們的身分、身價就會愈高。在今天這兩種觀點都非常重要。

富爸爸的意見在今天更加正確

那些讀過我們前兩本書的人知道，我是如何困難地做到了同時聽取兩個不同的爸爸關於財富、業務和投資的意見的。一九五五年，我的窮爸爸堅持說：「去學校讀書，拿到好分數，畢業後找一份安全又有保障的工作。」另一方面，我的富爸爸堅持說：「關注你自己的業務。」窮爸爸認為投資並不重要，因為他相信，「公司和政府會為你退休後的生活和醫療負責，並且政府對你退休後的安排是你應得到的利益的一部分，你有權享受它。」而富爸爸仍會說：「關注你自己的業務。」窮爸爸堅信應該做一個規規矩矩、努力工作的人。他說：「找個工作，努力工作並爭取晉升。記住，公司不喜歡越俎代庖的人，它是按資歷和忠實程度付給你工資的。」而富爸爸依舊會說：「關注你自己的業務。」

富爸爸認為：你必須不斷地向你自己的觀念挑戰。窮爸爸則堅信，他所受的教育非常有意義且最為重要。富爸爸認為世界在發展變化，我們需要不斷地學習，他老是說：「你無法避免生理上的衰老，但那並不意謂著你在精神上也必須變得衰老。假如你想留住青春，只要接受更新的觀念就行了。人們變得衰老和落伍，是因為他們緊抓著已經過時的『正確』觀念。」

這兒是一些例子，一些過時了的「正確」觀點：

·人類能飛嗎？在一九〇〇年以前的正確答案是不能。而在今天，顯而易見的，人類可以飛向任何地方，甚至是太空。

·地球是平的嗎？在一四九二年以前的正確答案是「平的」。但在哥倫布發現新大陸以後，這個過去的正確答案過時了。

·土地是所有財富的基礎嗎？在工業時代以前，正確答案是「是」。而現在，答案是一聲響亮的「不」。來自「B」和「I」象限的觀念和知識更證明了這一點。一旦你已明白了怎麼做，這個世界就充滿要將他們的錢給你的富裕投資者。

·賺錢要花錢嗎？我經常問這個問題，答案也是「不」，在我看來，它一直都是「不」的，不管在哪個時代。我總是這麼認為：不必靠花錢去賺錢，資訊、觀念、創新都可以幫你賺錢，並留住錢。唯一的變化在於，不需要用錢和艱苦勞動去賺錢這一事實，在今天比以往任何時候都更加明顯了。

我不知道明天會給我們帶來什麼，也沒有人會知道。這就是為什麼富爸爸傳授給我的最重要的理念之一，是要挑戰和更新舊觀念的根本原因所在。

今天我看見那麼多的朋友不僅在財務上，同時在職業技能上也落在後面，就是因為他們沒有向自己的舊觀念挑戰。他們的觀點通常是那些世代相傳的，從一個經濟時代到另一個經濟時代非常非常陳舊的「正確答案」。現在一些高校的年輕人們不打算找工作，卻是打算避開整個工業時代的工作安全保障這一想法，而成為經濟上獨立的億萬富翁。這就是為什麼我要人們考慮，建立他們自己的網際網路公司——獨自創立也好，透過購買特許權和參加現有系統也好，而不只是找一個別人的網路公司去投資。現今的思維方式應與以往不同，它可能會挑戰一些極度陳舊的「正確觀點」，正是那些舊觀念經常會使我們改變的過程變得非常困難。

構想不需要新意，但求更好

謹記一點，一旦你掌握了建立「B－I三角形」的指導方針，你就能在實際中有所改變。當人們問我，我第一份成功的投資是什麼時，我簡單地答道：「我的漫畫書業務。」或者可以說，我利用了別人要扔掉的漫畫書創建了一份資產，用的就是建立「B－I三角形」的原則。星巴克在咖啡上做了同樣的文章。因此構想不一定非要新穎和獨一無二不可，它們只需要比原來的更好。幾個世紀以來一直如此。換句話說，事物不見得是高技術就更好。實際上，許多我們今天以為理所當然的事物，在昨天它對技術的要求卻很高。

許多人把他們的生命耗費在抄襲他人的構想上，而不去創造自己的構想。我認識兩個耍詭計抄襲別人構想的人，在沒有得到他人允許，和沒有給構想的首創者應有的榮譽的情況下，利用了他人的構想去賺錢。儘管他們可能賺到很多錢，但當人們知道他們不經允許就採用他人構想時，付出的代價是失去了人們對他們的尊敬和信任。這兩個人我過去和他們打過交道，而現在不再來往，因為他們不經允許就使用別人的構想，並據為己有。

就像富爸爸常說的：「抄襲和偷竊的區別只在一線間，如果你是原創者，你必須要小心剽竊構想的小偷，他們就和入室行竊的人一樣壞。」由於有愈來愈多的人在剽竊，而不是創造，因此在你的團隊中安排一名知識產權律師來保護你的創造，變得更加重要了。

西方世界歷史上最重要的技術變革之一，發生在「十字軍」東征時期。當時基督教士兵們接受了印阿計數法。印阿計數法是因阿拉伯人在侵略印度期間，發現了這種計數法而得名，它取代了我們的羅馬計數法。當時，沒有幾個人讚賞這個新的計數法給我們的生活帶來的改變。但印阿計數法使人們可以更精確地遠航出海、可以將建築物建得更加宏偉、可以把時間計量得更加精確、人類的意識也因此變得更加敏銳，人們可以更加準確、抽象和批判地思考問題。它是一個重大的技術變革，給我們所有人的生活都造成了巨大的影響。

印阿計數法並不是一個新的構想，它只是一個更好的構想——除此之外，它還是別人的構想。許多在財務上非常成功的人士都不一定非常有創意，他們中的很多人經常只是模仿他人的構想，並將它轉化成數百萬、甚至數千萬的美元。時尚設計師們觀察年輕人穿著怎樣的流行服裝，然後就大批量地生產那些服裝。比爾・蓋茲並不是使他成為世界首富的電腦作業系統的發明者。他只是從真正發明作業系統的電腦程式那裡把它買下來，然後許可IBM公司做為他們的產品進行生產。還有其他的例子。亞馬遜網路公司採用了薩姆・沃爾頓（Sam Walton）的沃爾瑪（Wal-Mart）構想，並將它應用於網際網路，結果傑夫・貝佐斯（Jeff Bezos）比沃爾頓更快地變富。這就是說，誰說你一定需要依靠自己的創造性的構想才能致富呢？只要更好地理解「B－I三角形」，並吸收他人的好構想，就能將它們變成財富。

沿著你父輩的腳步？

《搜尋傑出者》（*In Search of Excellence*）的作者湯姆・彼得斯（Tom Peters），一次又一次地在書中提到，「工作保障失效了。」但是，還是有許多人繼續告訴他們的孩子：去上學，然後找一份有保障的工作。許多人為財務問題苦苦掙扎，只是因為他們沿用了他們父輩的金錢觀念。但我們父輩中的大多數人並不是去創建資產，而是去為錢工作，然後用那些錢買來負債，並天真地以為它們是資產。我們中許多人使勁地讀書、只顧低頭工作而不關注自己的業務，就是因為他們的父輩這樣做或建議他們這樣做。結果他們的父輩和他們同樣在財務困境中掙扎，依靠工資收入為生。我在上投資培訓課時，有一個非常重要的練習，是讓學生們把他們目前所做的和他們的父輩所做的，或者他們父輩建議他們目前所做的事情做一個比較。許多時候，學生們會發現，他們若不是幾乎完全沿著父輩的足跡在走，就是基本上在按照父輩的指示去做，並陷於困境。在這一點上，我認為他們完全有權利質疑這些一直控制他們生活的舊觀念。

假如一個人真的想改變自己的生活的話，接納更好的觀念通常會是個好主意。我的富爸爸總是說：「如果你想更快地致富，只要找到那些比你現在採用的觀點更好的觀點就行了。」這就是為什麼這些天來，我閱讀企業家們的傳記，聽有關他們生活的錄音帶，並以此來傾心聽取他們的觀點。富爸爸說過：「構想不必是新的，只要更好一些就行——富人總是在找尋著更好的構想。而窮人則經常為他們的舊觀念做辯護，或是批評新的觀念。」

只有偏執狂才能倖存

英特爾（Intel）的主席安迪．格羅夫（Andy Grove）為他的書取名為《只有偏執狂才能成功》（*Only the Paranoid Survive*）。他從澳洲前任財政部長、哈佛商學院教授約瑟夫．A．順彼得博士（*Dr. Joseph A. Schumpeter*）那裡得到了書名的靈感。在《資本主義、社會主義和民主》（*Capitalism, Socialism, and Democracy*）一書中，順彼得博士闡述了「只有偏執狂才能成功」這一觀點。順彼得博士是現代經濟學發展和變革研究之父——就好像凱因斯是靜態經濟學研究之父一樣。順彼得博士認為，資本主義制度正經歷著創造性地毀滅；這是一個摧毀陳舊的、效率低下的產品和服務，並取而代之以新的、更有效的產品和服務的一再重複的迴圈過程。順彼得博士認為，允許使小的和低效率的公司破產的政府，會倖存下來並繁榮昌盛；

而保護低效率公司的政府將會落後。

富爸爸同意順彼得博士的看法，這也是他成為資本家的原因之一。富爸爸要求邁克和我不斷地向我們自己的觀念挑戰。因為如果我們不這樣做，其他人就會做到，並淘汰我們。今天，雖然世界只有十歲左右，但抱有陳舊觀念的人仍會快速落伍。我們所面對的世界讓我想起了一首歌〈時代在變化〉（The Times They Are A'Changin'）。其中一句唱道：「你最好不斷地游動，否則你會像石頭一樣沉下去。」雖然這首歌是大約四十年前寫的，但是它愈來愈反映出下一個四十年的情形。換句話說，在今天你是富是窮，並不意謂著在不久的將來還會是這樣。

你過去的成功不能代表什麼

在不久的將來，那些不敢冒險、懼怕失敗的人最後一定會失敗。我的窮爸爸把失敗看作一個名詞，而我的富爸爸則把它看作一個動詞，這個觀點上的區別使他們的人生完全不同。在《未來的邊緣》（*In Future Edge*）一書中，喬爾・巴克（Joel Barker）寫道：「當巨變出現時，每個人都會回到起點。你過去的成功不能代表什麼。」在這個快速變化著的世界，生活會發生愈來愈快的變化，你以往的成功可能完全失去意義。那就是說，即使你今天為一個好公司工作，那也不能保證明天它仍是一個好公司。因為這個緣故，格羅夫將這個觀點做為他書的標題，「只有偏執狂才能成功」。

甚至職員的福利也在發生變化。資訊時代不僅改變了退休金計畫的規則——由固定福利養老金方案，變為固定的公積養老金方案，而且這一變革還影響其他一些職員福利計畫。最近我的一個在航空公司工作的朋友說：「過去我能很容易地坐免費飛機，這是做為航空公司職工的一項福利。但是現在，由於拍賣航線空位，飛機載滿了乘客才會起飛，我發現很難再使用這個我喜愛的特權了。」

遊戲規則改變了

本書即將接近尾聲，我願意給你一些有關我們今天都要面對的變革的觀念，一些自從柏林圍牆倒塌和網際網路建立以來出現的變革。《紐約時報》國際專欄作家托馬斯．弗得曼（Thoms L. Friedman）在他的書《凌志和橄欖樹》（*The Lexus and the Olive Tree*）中，描述了工業時代和資訊時代的幾大變革。以下事務是其中一些變革：

Cold War（冷戰時期）	Globalization（全球化時期）
Einstein's $E=mc^2$（愛因斯坦的 $E=mc^2$ 相對論）	Moore's Law（摩爾定律）

1、工業時代：愛因斯坦的 $E = mc^2$／資訊時代：摩爾定律

冷戰期間，愛因斯坦的相對論——$E = mc^2$ 相對論占統治地位。一九四五年美國在日本投下原子彈後，美國成為了世界經濟中心，並從英國手中奪取了軍事上的支配地位。二十世紀八〇年代，人人都認為日本打算在經濟上打擊美國，東京證券市場十分熱絡。但是日本經濟處於支配地位的時間卻非常短暫，因為美國修正了自己的不足之處，即 $E = mc^2$ 相對論方程式轉向摩爾定律。因為摩爾定律認為晶片的力量每十八個月會更新。今天美國因為它在技術和軍事力量上所處的領先地位，成為世界領導力量。

假使美國仍只停留在軍備競賽階段，我們可能會像前蘇聯那樣成為一個分裂的國家。一九八七年柏林圍牆拆除時，美國的資本市場迅速進入了資訊時代。能這樣迅速地轉變，是由於美國短暫而自由的資本主義歷史，和長期的積累所提供的經濟力量。日本和英國一樣，無法迅速轉變，眾所周知，這是因為兩個國家都和封建制度有著千絲萬縷的聯繫——或者說都有著農耕時代君主專制體制的殘留。潛意識中那些國家在等待著某個君主來領導他們。換句話說，革新被傳統阻礙。

這一觀點對每個人和每個國家都是適用的。就像富爸爸所說：「舊觀念擋著新觀念的路。」我不是在建議廢除一切老傳統，但是由於我們處於資訊時代，因此需要改變一些已經不合時宜的舊觀念。

2、工業時代：導彈重量／資訊時代：數據機速度

柏林圍牆拆除之後，相對論定律被摩爾定律所代替。掌握世界的權力象徵，從核彈頭的重量轉向你的數據機的速度有多快。好消息是：一個高速的數據機比體積龐大的導彈造價低得多；速度比重量更重要。

Cold War（冷戰時期）	Globalization（全球化時期）
Weight of missiles（導彈的重量）	Speed of modems（數據機的速度）

Cold War（冷戰時期）	Globalization（全球化時期）
Two world powers in charge（兩股力量控制世界）	No one in charge（沒有人控制）

3、工業時代：兩強情勢／資訊時代：強權式微

在冷戰期間，有兩個超級大國：美國和蘇聯。今天，網路將無國界的世界和經濟全球化的想法變為了現實。

今天，成千上萬的控制著鉅額財富的電子一族（基金管理人），用比政治家們更加強大的能量去影響世界。假如這群人不喜歡一個國家管理經濟事務的方式，他們就會以「光的速度」將他們的資金移走。就在幾年前，馬來西亞、泰國、印尼和韓國發生了這樣的事。任何國家都可能發生這樣的事。在今天政治家們不再像在工業時代那樣掌握實權，影響一個國家事務的常常會是全球性的電子貨幣。

有一次，比爾．蓋茲從美國穿越國界去加拿大。當海關官員問他是否有有價值的東西需要申報時，他拿出一堆用膠帶包裹起來的軟碟，「這些至少值五百億美元。」海關官員聳聳肩，以為他在開玩笑，便讓這個世界首富不付一分錢稅就越過了國界。問題在於，那一堆包在膠帶裏的軟碟的確至少價值五百億美元，它們是微軟公司的視窗九五原型。

目前，像蓋茲這樣的超級富翁常常比許多大國更有經濟實力、更能影響世界。這樣的勢力形成的潛在威脅，不得不迫使世界上最強大的美國政府將蓋茲推上法庭，起訴他圖謀壟斷。當這個官司開始時，我的一個朋友說道：「最可怕的是，蓋茲能付比美國政府更多的錢去請到更好的律師。」這是因為美國政府是工業時代的一個組織機構，而蓋茲是資訊時代的一名超級富豪。

無獨有偶，喬治・索羅斯（George Soros）在《全球資本主義的危機》（*The Crisis of Gloval Capitalism*）一書中寫道：「許多財團比許多西方國家更有錢有勢。這就是說，今天有許多財團可能只是為了讓幾個股東獲利，而去破壞一個國家的經濟。許多財團都具備這樣的實力。」

在以後的幾十年中，許多變革不論好壞都將會發生。自由經濟最大程度地延伸，陳舊和落伍的行業會被無情地淘汰，競爭和合作則將日益增加（例如會出現更多的像美國線上和時代華納這樣的鉅額併購）。會有更多的新興公司收購老牌公司，這些變革正在發生。因為高科技這個魔鬼已經從潘朵拉的盒子中被釋放出來，資訊和技術現在已經廉價到每個人都可以負擔。

好消息

好消息是，破天荒地第一次，90／10的致富規律不再適用。現在愈來愈多的人有可能進入到無限廣闊的財富世界中去。資訊是無限的，不像土地和資源一樣受到限制。建立在土地基礎上的財富已經成為了過去式。壞消息是，抱著舊觀念的人們，將會被即將到來的變革和發生在我們身邊的改變，殘酷無情地打擊。

如果富爸爸還活著，他會說：「網際網路的流行，就像十九世紀五〇年代的加州淘金熱，區別在於你不必離開家去加入它，那麼為何不加入呢？」他還可能繼續說，「在任何經濟繁盛時期，會有也僅有三種人：使事情發生的人、看著事情發生的人和那些詢問發生了什麼事的人。」

雖然我開始將愛因斯坦的相對論列為冷戰後過時的觀念，但我仍然認為愛因斯坦是一個真正的理想主義者。因為在他那個時候，他就能夠認識到並指出了一個在今天更顯正確的觀念——「想像力比知識更重要」。

真正的好消息是：有史以來第一次，網際網路使更多的人能看到硬幣的另一面，如果他們願意睜開眼睛去看的話。

我經歷過最好的挑戰之一，是採用我的創新構想並用那些構想去創建一份資產。雖然不會總是成功，但隨著一個個新的冒險，我的技能得到了提高，我能看見一個很少有人能夠看到的更廣闊的世界。與以往的許多世紀相比，網際網路使更多的人更容易進入財富的世界，在過去這只有少部分人能夠做到。網際網路使更多的人有可能採用他們的創新構想，創建能增值的資產並將他們的財務夢想變成現實。

我們只是剛剛開始

木匠合唱團（The Carpenters）唱過一首名為〈我們只是剛剛開始〉（We've Only Just Begun）的歌，對你們之中那些以為自己從頭再來為時已晚的人，要記住桑得斯上校是在六十六歲時才從頭開始創建他的肯德基王國的。而我們比桑得斯更有優勢，因為我們現在處於資訊時代，在這裡，重要的不是你生理上有多老，而是你的精神有多年輕，正如美林銀行的報告所說：「世界只有十歲大。」

你最重要的投資

不論你是否同意，不論你有沒有理解，也不論你有沒有採用過本書中的資訊，你讀本書就是在進行一項重要的投資。在今天這個不斷變革的世界，你能做的最重要的投資，是進行持續的教育和找尋創新的構想。因此，要堅持找尋新構想，不斷挑戰舊觀念。

本書的重點之一，是你有能力創建一個短缺金錢的世界，也完全可以創建一個金錢富足的世界。建造一個金錢富足的世界確實需要一定程度的創造力、高水準的財務和企業知識，同時尋找機會而不是尋找安全保障，去尋求更多的合作而不是競爭。富爸爸的話引導著我不斷修正自己的想法，「你可以選擇一個缺乏金錢的世界生活，或者選擇一個金錢富足的世界生活。選擇權在你的手中。」

最後的叮嚀

在本書上集，富爸爸對普通投資者的建議是：「不要做普通的。」不管你投資是為了求得安全、舒適，還是為了變得富有，請為每一個階段制定一個計畫。在資訊時代，變革更快，保障更少，機會更多。你掌握的金融和投資知識，對你的財富增長率極為重要。這就是富爸爸的「不要做普通的」的建議，為什麼在今天顯得更加重要的原因。

高寶書版集團
gobooks.com.tw

RD 008
富爸爸投資指南〈下〉
Rich Dad's Guide to Investing: What the Rich Invest in, That the Poor and Middle Class Do Not

作　　者　羅勃特 ·T· 清崎（Robert T. Kiyosaki）
譯　　者　王麗潔、朱雲、朱鷹
審　　訂　MTS 翻譯團隊
編　　輯　林俶萍
排　　版　趙小芳
美術編輯　林政嘉
企　　畫　陳俞佐

發 行 人　朱凱蕾
出　　版　英屬維京群島商高寶國際有限公司台灣分公司
　　　　　Global Group Holdings, Ltd.
地　　址　台北市內湖區洲子街 88 號 3 樓
網　　址　gobooks.com.tw
電　　話　（02）27992788
電　　郵　readers@gobooks.com.tw（讀者服務部）
　　　　　pr@gobooks.com.tw（公關諮詢部）
傳　　真　出版部（02）27990909　行銷部（02）27993088
郵政劃撥　19394552
戶　　名　英屬維京群島商高寶國際有限公司台灣分公司
發　　行　希代多媒體書版股份有限公司 /Printed in Taiwan
初　　版　2002 年 1 月
三版一刷　2019 年 4 月
原文書名　Rich Dad's Guide to Investing
初版書名　富爸爸，提早享受財富 2

國家圖書館出版品預行編目（CIP）資料

富爸爸投資指南（下）/ 羅勃特 .T. 清崎 (Robert T. Kiyosaki)
著 ; 王麗潔 , 朱雲 , 朱鷹譯 . MTS 翻譯團隊審定 .-- 三版 . --
臺北市 : 高寶國際出版 : 希代多媒體發行 , 2019.04
　面 ;　公分 . --（富爸爸 ; RD008）
譯自 : Rich Dad's Guide to Investing: What the Rich Invest in,
　　That the Poor and Middle Class Do Not

ISBN 978-986-361-267-4（下冊 : 平裝）

1. 個人理財　2. 投資

563　　105001731